スリランカでカフェはじめました

日本の常識は現地の非常識!?

子

ぶんか社

CONTENTS

はじめに 3
第1話 シーギリヤからこんにちは 5
第2話 カフェが欲しい 11
第3話 テナント探し 17
第4話 テナントづくり 23
第5話 テナントづくり❷ 29
第6話 コーヒー豆を求めて 35
第7話 エスプレッソとカプチーノ 41
第8話 ケーキを出したい 47
第9話 開店間近 53
第10話 スリランカ最大の問題 59
第11話 すべては占い次第 65
第12話 ワンオペでのスタート 71
第13話 停電問題 77
第14話 アパラーデ(もったいない) 83
第15話 国と文化の違い 89
第16話 勝手に変えるな! 95
第17話 チーズケーキを作ろう 101
第18話 チーズケーキはカンタン? 107
第19話 ようやく完成! 113
第20話 新メニュー 119
第21話 冷蔵ケースが欲しい 125
第22話 困った現地人 131
第23話 自然とふれあえるカフェ? 137
第24話 ご近所トラブルは嫉妬から? 143
第25話 不倫したから家賃倍 149
第26話 理屈も法律も通らない 155
第27話 目には目を歯には歯を 161
第28話 新天地を求めて…? 167
あとがき その後のCUTE 173

※本作は2018年9月～2020年3月における現地での生活をもとに描かれており、物価や店舗情報は当時のものです。
レート：1スリランカルピー（LKR）＝約0.56～0.69円。

はじめに

こんにちは
2拠点生活主婦です
私 実は8年ほど前にスリランカにゲストハウスを建築して
仕事やめた
連載整理した
←ダンナ
移住を計画
がんばるぞー!!
しかし現地のあまりのもヒサンな現実に
バカな日本人め
できなかったけど金は払え
ここはスリランカだ
ちゃんと働け日本人
なまけ者のパートナーまでが←
ダンナがブチ切れて帰国
ブチィイイイ
やってられっか――――!!
以来私も2拠点生活
ダンナのいる
日本
ゲストハウスのある
スリランカ
1年のうち半分は日本 半分はスリランカ
当初半年でできるといわれたゲストハウスは
半年あればヨユー
テキトー→
工事の人→
ニヤ
ニヤ
5年がかりでなんとか完成…
真っ白

それはなんと『地球の歩き方』にも掲載されたのでした
地球の歩き方
2020~21
スリランカ
Sri Lanka
巻頭で徹底紹介

出典『D30 地球の歩き方 スリランカ 2020〜2021』(発行：地球の歩き方)

『地球の歩き方』は旅人にとってのバイブル
つまり漫画家にとっての集英社・講談社みたいなもの…
モーニング
それにウチのゲストハウスが載るということは
要するに『ジャンプ』に連載したも同然
あぁ…
もう思い残すことはない…
成仏
そう思っていたが
ヒマ…
しばらくするとまた何かやりたくなった
むくり‥
そんなワケで本編スタートです

第1話　シーギリヤからこんにちは

こんにちは
みなさんは「スリランカ」ってご存じですか？
インドのすぐ下に豆つぶほどの小さい島が見えますよね？
インド
ここなんです
インド洋の真珠といわれ
宝石と紅茶が有名
その国の8つある世界遺産のうち
ロックの頂上に空中王宮跡が
一番有名なのがシーギリヤロック
そこで1年の半分をすごすのが私です
話題の「デュアルライフ」（二拠点生活）ってやつですよ〜〜〜!!
世界遺産の見える所でゲストハウスをやっています

苦労のひとつ

日本人がスリランカ（とか海外）で暮らしていく大変さって
毎日毎日カレーカレー
1日3回カレー
お茶の時間も
カレー入りサモサとか
尻を紙で拭かず手で洗うので便器が常に
ドロドロ～
おい――私のトイレ誰が使った!?
まあいろいろあると思うんですが
付いてるのは水だけじゃない…
今日いいたいのはティータイム
イギリスの植民地だったため
スリランカでは午前と午後にお茶する習慣が
→カレー味のお茶受け
紅茶王国スリランカ
ブ～
ティーくそまずい問題

スリランカティー

この国の「セイロンティー」は世界的に有名だが
はっきりいって現地人の紅茶の飲み方は私のくちに合わない
まず使うのは一番安い「ダスト」という茶葉
これを濾すと苦味の濃いお茶が出るのだが
「ダスト」ホコリのように細かい茶葉
それを消すためか粉ミルクと砂糖をドバドバ入れて…
しかもミルクは粉←
砂糖もたっぷり
ドババ
キリティー（スリランカ風ミルクティー）が完成
くぅ～～
甘いだけ!!
あっまぁぁあぁあぁ

マシなほうの紅茶

の…
飲めん…
飲めんレベルの甘さ
こんなティータイムは楽しくない…
甘すぎるというと作り直してくれるけど
カチャカチャ
カチャカチャ
台ナシ!!
お湯を足して薄めてるだけ
だから一番マシなのが
ちょっといいホテルなんかにいけば出してくれるブラックティー
なぜならティーバッグだから!!
コーヒーの名産地南米のカフェがどこもインスタントだったの思い出すわ…

紅茶の代わりに

というわけで
ただのリプトン味…
虚無
スリランカの紅茶は私にとってはイマイチ…
いいホテルなんだけど
しかし私はコーヒー党!!
オホホホホホ
紅茶がなければコーヒーを飲めばいいじゃない
おいしいコーヒーさえ飲めるなら!!
しかし考えてもみてください
自国が誇る紅茶すらおいしく淹れられないのに…
いわんやコーヒーをや
プ～～ン
お湯のニオイ
うっ!!
もう香りゼロ!?

スリランカ流

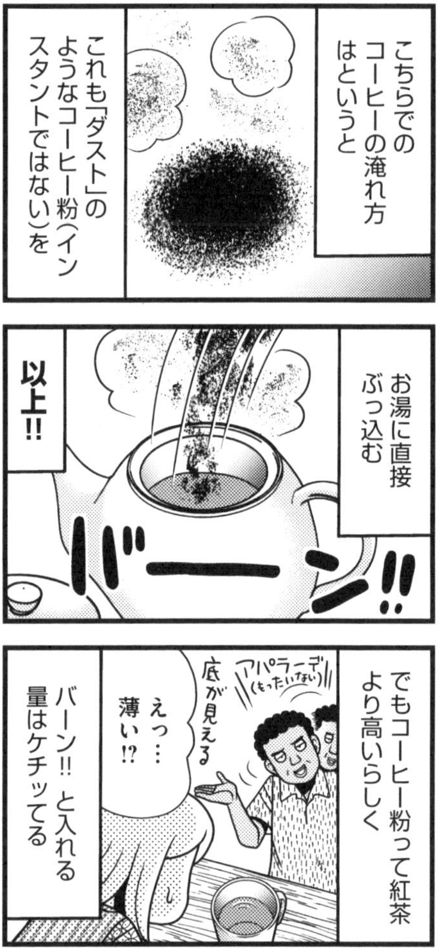

こちらでのコーヒーの淹れ方はというと
これも「ダスト」のようなコーヒー粉(インスタントではない)を
お湯に直接ぶっ込む
ドーーン!!
以上!!
でもコーヒー粉って紅茶より高いらしく
アパラーデ(もったいない)
底が見える
えっ…薄い!?
バーン!! と入れる量はケチッてる
うすーーい黒いお湯に…
砂糖
粉ミルク
ドバー
こっちはアパラーデじゃないんだ…

味

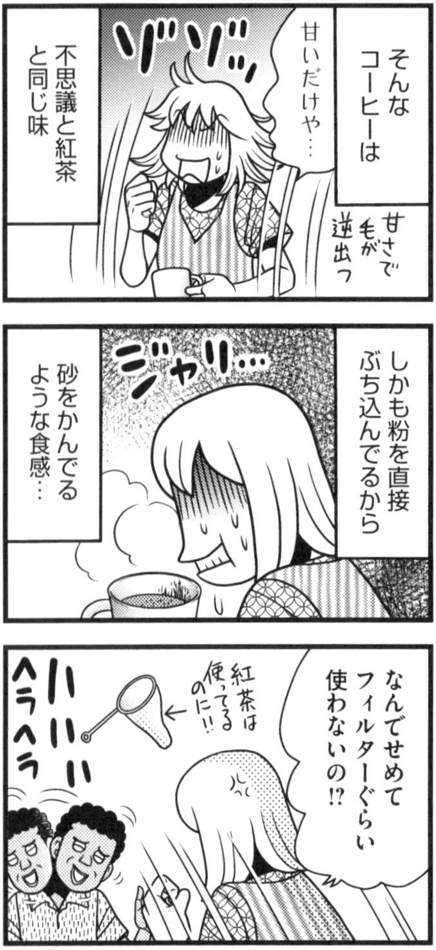

そんなコーヒーは
甘いだけや…
ゾゾゾッ
甘さで毛が逆出っ
不思議と紅茶と同じ味
しかも粉を直接ぶち込んでるから
ジャリ…
砂をかんでるような食感…
なんでせめてフィルターぐらい使わないの!?
紅茶は使ってるのに!!
ハハハハ
ヘラヘラ
使って!! フィルター
使って!!
ハハハ
ヘラヘラ
絶対に使わない

あきらめ

結局こいつらは
フィルターあげるから!!
(わかった) ハリ
(わかった) ハリ
こうやって使うんだよ!!
自分の文化以外興味ないのだ
自分が飲まないものは(コーヒーとか)
やっぱり使ってない!!
ペッペッ
どうだっていいのだホントに
甘ければおいしいだろ?
スリランカ人の→考え
ニヤニヤ
なめてる
というぐらいのものだ
結局自分で淹れるインスタントコーヒーが一番うまいということに
ホッ
インスタントコーヒーは高い(ので現地人は買わない)↓

ローカルファースト

しかしここはシーギリヤ
スリランカイチの世界遺産があり連日観光客が押し寄せる街!!
まともなコーヒーぐらい飲めなくてどうする!?
とも思ったが…
タウンのレストランは
ローカルなお店ばっかり
カレー屋
カレー屋
カレー屋
カレー屋
イタリアンも中華もハンバーガーも当然和食もなーーんもない…
この観光地で…
スリランカに来たらカレーを食え!!
徹底して他国の文化をかえり見ない信念であろうか

テナント発見

だから当然カフェもないシーギリヤタウン
しかしある日
何作ってるの
タウン中心部のゲストハウスの息子チャーヌ↓
ここをテナントとして今度貸し出そうと思ってるんだ
ちょっと狭いけどね
私は思った
えっ
持ち帰りのオシャレカフェとかに最適サイズじゃね?

カフェチャンス

貸し出すテナントはふたつ
何しろせまいタウンだしテナントがめったに出ない
真ん中はチャーヌ家事務所
ひとつは土産店が入った
YOHAN'S ARTS & TASTES SIGIRIYA
もうひとつは…
カフェ!! カフェこい!!
全観光客のためにもここにカフェを!!
神様どうか!!
私にいこいの場所を!!
と祈る日々であった

第2話　カフェが欲しい

スリランカ
世界遺産の街シーギリヤ
そこにゲストハウスを建てて
1年の半分以上住む日本人の私
ビジネスパートナーのニッサンカ
ここに住んで悩みのひとつが食生活
カレーばかりの食事と
胃がやられる…
リラックスに不可欠なコーヒーも
砂糖5パケットぐらい↓
粉ミルクたっぷり
紅茶王国セイロンにはなし
スリランカの旧名←
その紅茶すら激甘にして飲む…
だからタウンの空きテナントに目をつけて
カフェ入れ〜〜〜
カフェ入れ〜〜〜
…と念じてるワケなのです

食文化

シーギリヤタウン
世界遺産のシーギリヤロック
世界中から観光客が押し寄せる街
にもかかわらず
ここにはローカルフード（観光客価格）の店が数軒あるだけ…
Chooti Restaurant
最近になって数はぐっと増えたけど…
やっぱり現地人（素人）が現地飯作ってるだけ…
中華やイタリアンやハンバーガーが食べたいのに…
知るか!!
カレーが一番うまい!!
とことん異文化に興味ないヤツら

淡い期待

もちろんここではどのレストランでも
ドバ〜
まともなコーヒーは飲めません!!
お湯に直接コーヒー粉をぶち込む
だからここにカフェが入ったら……
絶対流行ると思うんですよね〜
しかもこの中途半端な広さ!!
レストランをやるには狭いし…
どうする!?
これはもう…
やっぱカフェでしょ!!

成功への道

そう…
この広さ…まさに持ち帰りのコーヒースタンド
しかもライバルなし!!
ここでだけまともなコーヒーが飲めるとなればニーズは最高
カレー屋ばっかり
大挙してくるだろうよ!!
ウハウハ!!
世界遺産の観光客をひとり占め!!
でも実際は
なのになんで…
ローカル(スリランカ人)にはそういうマインドはないのだった…
ガラ〜ン

テナント募集中

やがてふたつのテナントのうちひとつは土産店が入った
YOHAN'S
ARTS & TASTES SIGIRI
チャンスは
あとひとつだ!!
オーナーと話をしてみると
お土産屋と宝石店がいいんだよな
ひとつめは土産屋が入って良かった
やべーっ
オーナー一家
このままでは
宝石店にされてしまう
なんでだ!!
絶対カフェだってら
なんでそこにお金が落ちてるのに拾わないんだスリランカ人!!

他人頼み

ああっ自分に
ノウハウがあれば
うう…
いっそのこと
自分でやれる
というのに…
何しろ私は主婦歴
25年になるものの
日本にいる
ダンナ←
ご飯
できたよ～
包丁すら
握ったことがなく
コーヒーだって
ハイ
コーヒー
いれといたよ
コンビニの
100円コーヒーでも
割と満足
自分で淹れた
ことがないという…
ムリだっ…!!
私にはムリ…
誰か頼むから
カフェをっ…!!

テナント家賃

そういえば
聞いて
みてよ
ニッサンカ
あのテナント
家賃は月
いくらなんだっけ
2万5千ルピー
だっていってた
けど
あそこの
オーナー
オレのファミリー
だから
2万ルピーまで
ディスカウント
できるぞ!!
2万ルピー
=
日本円で約1万2千円!!
やっす!!
タダ同然の
テナント料で…
世界遺産の街に
店を持つ絶好の
チャンス!!

ショップオーナーへの道

たとえば将来的に自分のお店を持ちたいお金のないシェフや実業家
借りるのに保証金とかは…？
初期費用は…
通常は家賃の6カ月分の先払いでOK
自国は夢でも
1万2千円の6カ月分は…7万2千円!!
やっす!!
ここでは一気に現実圏内に!!
…コーヒー淹れるのって難しいんかなァ…
…いやいやいや!! 私はやらないけど!!
あぶね〜っ
コーヒーとかわかんないし!!
ホテル忙しいし!!
でもカフェのノウハウがある人からすればこんな楽勝案件はない…ハズ

夢の値段

ちなみにカフェやるとなると店子さんを雇うと思うけど
給料はいかほど…？
店子だと肉体労働もないし…
2万ルピー前後だろ
こっちも安!!
じゃあ初期費用7万2千円に加えて
人件費2万ルピー（約1万2千円）テナント料2万ルピーとして…
月2万4千円の運営費で自分のお店が持てる!!
そ〜か〜
なんで私5年と1千万以上かけてホテル建てちゃったかな〜
そんなもんかぁ〜
なんか安すぎて脱力感…

1
参考までに聞くんだけど
お店開くのにどんな手続きがいるの？
調理士免許が必要とか
衛生局のチェックとか
2
そんなもん必要ない
オープンするだけ
ここはスリランカだぞ
3
オープンする？
オープンする
ううっ…!!
頭が…
4
ニッサンカ
えっ
戦の準備じゃ
自分でカフェを開くんじゃーーっ!!
鳴かぬなら鳴いてみせようホトトギス

第3話 テナント探し

スリランカのシーギリヤでおいしいコーヒーを飲もう計画
やるぞニッサンカ…!!
一緒にゲストハウスを建てた現地人ビジネスパートナー
ニッサンカ
オゥ!!
シンハラ語でYES
誰もやらないなら私がやる
まずテナントはここ!!
シーギリヤタウンの中心にして
象乗り場
川
マッサージ屋
象オフィス
テナント
オフィス
テナント
レストラン
レストラン
ゲストハウス
象乗り場のおむかい!!
シーギリヤにきて象乗りといったら
シーギリヤロックを背景に象と写真が撮れる大人気アクティビティー
ここなら象待ちの観光客もとり込めるし
いうことないね
それでテナント料はなんと破格の月2万ルピー!!
ちゃんとガラス張りでしっかりしてるし
いいよねニッサンカ!!

ちょっと待ったァ〜〜〜!!
ええ〜っ
何いってんのニッサンカ!?
さっそく混ぜっ返すスリランカ人
オレはここのテナントを借りるのは
反対!!
でもアンタのファミリーだからっていってたじゃん!!
信用できるって!!
ここは狭い!!
そんな身もフタもない…
あっちはどうだ!?
クルッ
象乗りオフィス!?
そこは…!!

ニッサンカのオススメ

何いってんの
象オフィスを借りようって?
シーギリヤタウンにおける象はメインの観光スポット
できるわけないだろうが!!
象乗り場のオフィスではない
借りるのはこっち

象オフィスの半分

ここは…ってかここも
象オフィス!!
…の一部
象オフィスはこっち側
オレの親友(故人)の息子がやってる
親友↑
息子のミガーラ
こっちはまた別で
親友(故人)のワイフが持ち主だ
ミガーラ の母親 がオーナー
ここなら広い!!
むこうの3倍はある!!
おう…
飲み物の持ち帰り文化が無いからかなぁ
意外と広さにこだわってくるスリランカ人

難しそうなテナント

とはいえここはほとんどが象オフィス
つながってる→
象使いや象ボーイのたまり場であり
象待ちの観光客のたまり場でもある
こんなところ
実際問題借りられる？
実はもう話をした
親友のワイフだからな
先に私に言えよ
なんだって〜!?
勝手なことをするスリランカ人

オススメポイント

あっち↓
そしたらあっちは月2万ルピーだけど
こっちなら月1万5千ルピーで貸してくれるそうだ
こっち↓
親友が死んで家族もお金に困ってるんだろう
親友
どうせ貸すなら親しくて信用できるオレってわけ
だから誰かに貸して収入が欲しいんだ
しかも安いし!!
そして広い!!
こだわりポイント↑
いや でもここって テナントっていうより
ほぼ外？みたいな？
↓手前全面開放

店舗までの道のり

ここには
窓を入れる
こことここに
ドア
ここは？全面
開いてるけど
シャッターを
作る!!
ここも象オフィスと
つながってる
ガラスを
はめる
それってけっこう
お金かかります
よね〜!?
お金を出すのは私なんですからね!!
私はできるだけ初期
費用は抑えたいのに

線引き

それなんだけど
カウンターとか
机とかイスなんかの
撤去可能なものは
ウチが出すんだが
ドアや窓や
シャッターとかは
まあそりゃそうだろ…
オーナーが
付けなきゃいけない
決まりらしい
じゃあ付けて
貸してくれるの？
テナントの形にして!?
しかし親友の
ワイフは金が
ないらしい…
付けられないから
ウチで付けて毎月の
テナント料から
引いてくれって
ん〜
またビミョーな…

正解はどっち
どうしようかなぁ
う〜む
悩むな〜
私としてはコンパクトなこちらのテナントが好みだけど
たび重なるスリランカ人の象オフィス推し
たしかにテナント料月1万5千ルピー（1万円弱）は魅力だし
ニッサンカのいうとおり広いし
しかもどうもコイツ親友のワイフのことを気にかけてるようだ
未亡人
借りてやろうよ金に困ってるんだから
このスケベジジイめが
決断の時
聞くけどそのワイフは信用できるのね？
むこうのテナントは信用できるのよ知り合いだしファミリーだし
実をいうと私はこの親友（故人）の家族は好きじゃなかったのだが
ミガーラ（息子）は好きだけど
もちろんだ!! 毎日家族同然に暮らした仲だ
自分の家に帰らず一時親友の家に入り浸ってた
オレに任せろ!!
…わかった
あんなに向こうのテナントが良かったのに
ドタンバで変更
ここをネコカフェならぬ…
象カフェとする!!

第4話 テナントづくり

スリランカのシーギリヤでゲストハウスをやっている私…
今度はカフェをオープンすることに
それもこれも
自分がおいしいコーヒー飲みたいから!!
こんなことができるのもここの物価の安さから
ここのテナント代は日本円にしてなんと1万円弱!!
人件費もひとり当たりの月給1万円前後
あとは電気代水道代…
つまり最低月2万円からカフェが開ける!!
しかも場所はタウンの中心地象乗り場の真横
→象に乗ってシーギリヤロックに行くアクティビティーがある
象とふれあいながらのティータイム!!
ネコカフェならぬ象カフェ!!

はてしない道程

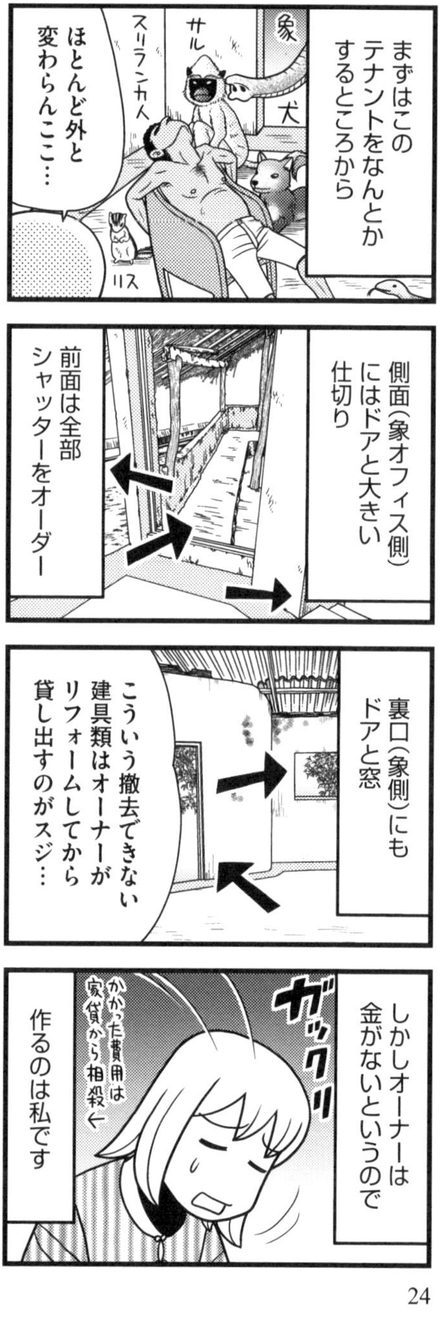
まずはこのテナントをなんとかするところから
象
犬
サル
スリランカ人
ほとんど外と変わらんここ…
リス
側面(象オフィス側)にはドアと大きい仕切り
前面は全部シャッターをオーダー
裏口(象側)にもドアと窓
こういう撤去できない建具類はオーナーがリフォームしてから貸し出すのがスジ…
しかしオーナーは金がないというので
ガックリ
かかった費用は家賃から相殺←
作るのは私です

落差

こういう時 日本なら業者を呼んで
全部直して
数週間後には
カンペキ♥
しかしここはスリランカ
まずは木の職人連れてきた
ドアと窓のサイズ測ってくれ
ビジネスパートナーのニッサンカ→
カウンターも含めてどのぐらい木を買えばいい?
リスト作らないと
自分たちで木を買うところからスタート

スリランカの木材

家具店はない
DIYショップなんかで既製サイズのドアや窓も買えない
→いわゆる日本のようなやつは
いくのは材木店
木をくれ
木といってもこんなのや
2×4
2×2
加工済み
塗装済み
こんなのではない
生木
一面に穴
虫喰い
しかも傷んでいる
カビ→

自慢の商品

いい木入ってますよ～ダンナ
いくらだ？
これリスト
いいね!!
きたねー!!
いや良くねーよ!!
全部で5万ルピー
→3万円ぐらい
たっか!!
産廃みたいなのにたっか!!
マホガニーだぞ!!
いい木だ!!
うっわ!!
ひっど!!
マホガニーこんなにしてもったいいな!!
買う時もよーく見張ってないと
あっそっちは黒くなりすぎ!!
それはダメ!!あっち!!
それは虫喰いがひどいっての!!
油断すると悪い木から渡してくる

かさむ手間賃

買ってきた
これがマホガニー…
どう見ても廃材の山…
ドサ～
コレを磨いて形を整え
防虫剤を2回塗り
ヴェリコラ(サンドペーパー)
職人が作業して
干して 切って
終わったらもう1回磨いて
ゴシゴシ
ペンキ塗ってコーティングかけてと…
いつもいつも果てしない手間と時間
気が遠くなる…

そしてこのクオリティー

しかし今回はなんと!!
大いばり
ドアと窓はオーダーにした
そんなことできたんだ!!
へーっ
少しラクできるな
材木店にサイズを渡して
そしてコレが…
できあがったドアだ!!
ドーーーン!!
なんじゃこりゃ～!!
衝撃のでき…

いろいろ台なし

オーダーしてできあがってきたのが便所ドア
エッヘン
コレは安かったんだ
安物買いの銭失い…
ひっ!!
もしかしてこっちは!!
そう!! 窓だ
これが窓!?
こうやって開く
パカッ
イヤ〜〜〜ッ 私のカフェが!!

ケチは節約に非(あら)ず

カフェなのに田舎(いなか)のボットン便所テイスト
こんなのムリ!!
もっとまともなドアを買ってきて
ええっ!?
もったいない!!
これは3500ルピーだけどフツーのドアは1万2000ルピーもする
ハア〜〜〜ッ…
もったいないのは金をケチッて便所ドアを買うことなのだ
文句いうな黙って買え!!
お金は私が出すんだから
スリランカ人とわかり合うのは難しい
私から言わせてもらえば

高さケチ

結局
新しいドア↓
これから磨いて薬塗ってペンキ塗って…
フーーッ…
→建具もつけないと
カウンターもできてきたぞ
オッいいじゃん!!
低っ!!
ベンチか!?
低すぎじゃない!?
カウンターだしこのぐらいだろうっていってるぞ
少なくとも日本は違う!!
いや絶対そんなことないだろ!!

材料ケチ

アンタがこう作れっていったからオレは…あーだこーだ…
グダグダグダグダグダ
あ～うるさい!!
いいからさっさと木を高くして作り直せよ!!
スリランカ人ってグダグダ言う
もう木がない
しれっ
は!?♪
結局 木材がたりなかったせいだった…
←最初から言えよ…
そして
高くするのは半分でいいからね
1カ月かかってカウンターも完成
そう!!
ここでオーダー↓
こちらはガラスケースとか置く↓
あと少しでカフェっぽくなりそうな予感

スリランカのシーギリヤで
これは私のゲストハウス
はじめてのカフェをオープンするべく改装中
なんとかドアとカウンターを作ったものの
この穴はどうする
木の枠の窓だと高いし時間かかるから
アルミの枠ならすぐできるだろ
ビジネスパートナーのニッサンカ
そうね～
発注してみると
7千5百ルピーだ
ガラス面が大きいから分割するからな
だそうだ
分割…？
仕方ないよね
まあいいけど
できてみたら
あれっ？分割するっていってたのに…
よく見たら…
ああーっ!!
ここでぶった切り
→ツギ足しガラス
ワクを分けるのをケチった（アパラーデ）
なんと「ガラス」をつぎ足し!!
ぶっ…分割するってちゃんと事前にいっただろ!!
見てたのに何も言わなかった
だからってガラスをつぎ足すかフツー？

だら〜〜〜…
ついでに屋根もハデに雨漏り
なんでコレでOKした!?
ホントバカなの
職人が大丈夫だっていうから…
案の定 雨になると雨漏りが…
大丈夫なワケねーだろ!!
1
結局
←ベニヤ
これが7500ルピー…
やり直させたら金取るって…
くっ…
2
スリランカでは一瞬でも気を抜くとケチったりラクをするので
わざわざ手間かけてゴミ作るって…
私だったらそっちの方がもったいない
結局 高いお金でゴミをつかまされてしまうことになるのだ
3
そこで目下の問題は
コレ
4
前面いまだフルオープン
ここをうまくふさがないと
テナントの体を成さない…
そもそもあちこち開き過ぎ

選択肢

ガラス張りのカフェとかオシャレなんだけど…
しかし1枚の窓すらつぎ足しでしかできないような例を見ては
その上高いし…
怖くて発注など無理…
つぎはぎだらけ…
しかも象とかにすぐ割られそうだし
パオン
象とか
スリランカ人とか
鹿とか
サルとか
シャッターはどうだ!?
そこそこ安いぞ!!
シャッターかあ～…

ローカルシャッター

そういえばシャッターのあるお店なんかシーギリヤにはないよね
見せてやる隣村にはあるぞ!!
良くてこんなの
こんな感じだ!!
ジャーン!!
最新鋭のシステムだぞ!!
これが最新鋭…
なんかダサい…色かな?
色は自分で決められるぞ!!
なんだコレは!?
上のほうに見慣れないものが
ハッ!!

シャッターの問題

シャッターは巻くものだから
上に巻き取り部分があるのは当たり前だろう
そうなんだそんなもんだっけ…？
日本のはどうだっけ…
ない…
そうか…カバー的なものがついてるんだ
だからなんとなくダサいんだ…
一度気がつくとますます気になる巻き取り部分

むき出しの理由

あそこの部分がむき出しなのはおかしくない？
何とかならない？
カバーもつけられるぞ
ええっ⁉
つけられるのかよ⁉
↓3000円ぐらい
じゃあなぜみんなつけない⁉
どこもぜーんぶむき出しなんだけど
カバーつけると5000ルピーもかかるんだぞ
アパラーデ（もったいない）からだろ!!
アパラーデ…
ガックリ…
お値段以上にみすぼらしくなってますが
少しのお金をケチってみんなむき出しなのってスリランカらしいというか

シャッター設置

というワケで
カバー込み7万5千ルピーだ
→約4万2000円ぐらい
それでいくかぁ～…
カバーつきでシャッターをオーダー

おっやってる!!

いいんじゃない?
んっ!?

ロール部分が…
ない!?

奇跡のシャッター

いったいどうやって…!?
フフフ…

サチコはロール部分がイヤそうだったから
オレが指示した!!

すごいじゃん!!ロール部分って見えなくできるんだ!!

ウソやろ――!!
裏返しでシャッターつけただけ…

鼻たかだか

エッヘン
オレのアイデアだ
……
バカーーッ!!
ここはカフェだ!!
表から見えなくても客から丸見えだろーーが!!
客からーー!!
もう本当に怒り心頭

店内のカバー

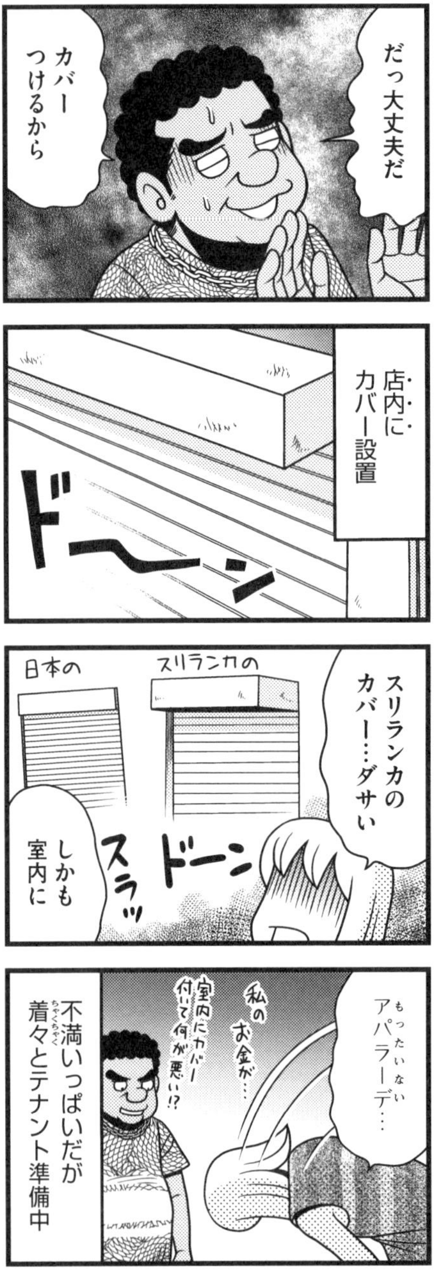
だっ大丈夫だ
カバーつけるから
店内にカバー設置
ド〜ーン
スリランカのカバー…ダサい
日本の
スリランカの
しかも室内に
スラッ
ドーン
アパラーデ…(もったいない)
私のお金が…
室内にカバー付いて何が悪い!?
不満いっぱいだが着々(ちゃくちゃく)とテナント準備中

第6話 コーヒー豆を求めて

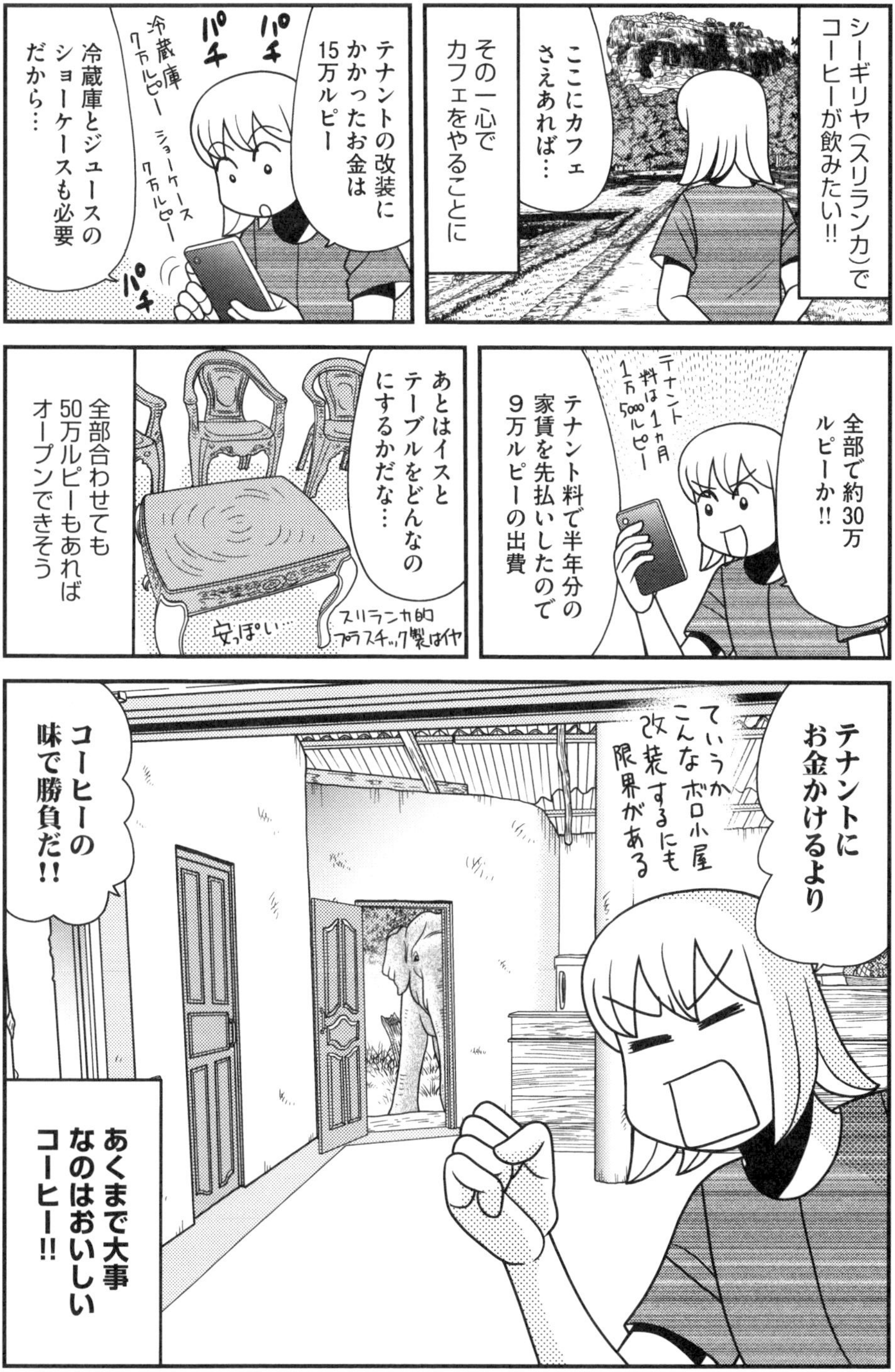
シーギリヤ（スリランカ）でコーヒーが飲みたい!!
ここにカフェさえあれば…
その一心でカフェをやることに
テナントの改装にかかったお金は15万ルピー
パチ
パチ
冷蔵庫7万ルピー
ショーケース7万ルピー
パチ
冷蔵庫とジュースのショーケースも必要だから…
全部で約30万ルピーか!!
テナント料は1ヵ月1万5000ルピー
テナント料で半年分の家賃を先払いしたので9万ルピーの出費
あとはイスとテーブルをどんなにするかだな…
スリランカ的プラスチック製はイヤ
安っぽい…
全部合わせても50万ルピーもあればオープンできそう
テナントにお金かけるより
ていうかこんなボロ小屋改装するにも限界がある
コーヒーの味で勝負だ!!
あくまで大事なのはおいしいコーヒー!!

少ない知識

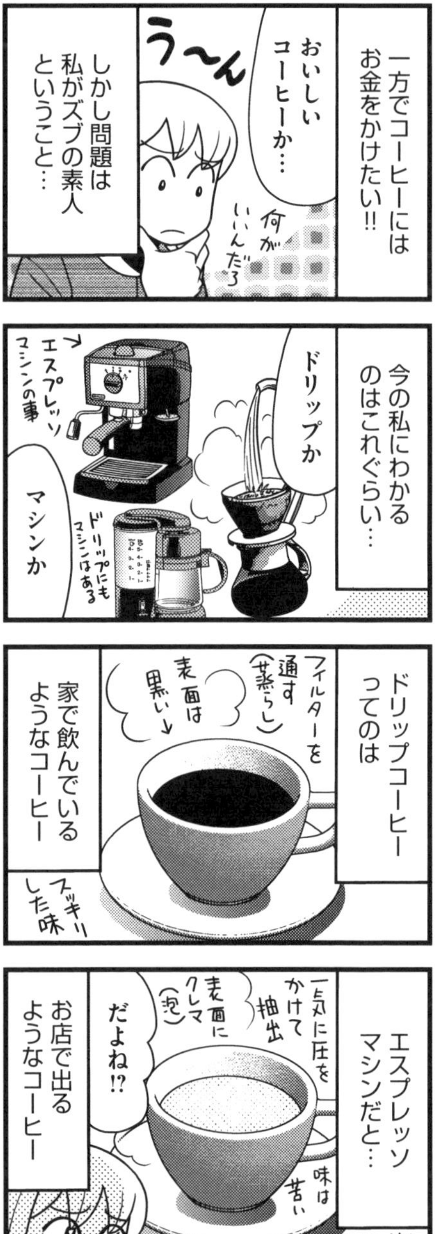

一方でコーヒーにはお金をかけたい!!
おいしいコーヒーか…
何がいいんだろ
う～ん
しかし問題は私がズブの素人ということ…
今の私にわかるのはこれぐらい…
ドリップか
エスプレッソマシンの事
マシンか
ドリップにもマシンはある
ドリップコーヒーってのは
フィルターを通す（蒸らし）
表面は黒い
家で飲んでいるようなコーヒー
スッキリした味
エスプレッソマシンだと…
一気に圧をかけて抽出
表面にクレマ（泡）
だよね!?
お店で出るようなコーヒー
味は苦い
…という認識
すごくざっくり

予　想

ドリップだと設備投資は安く済むだろうけど
キョロ…
スリランカ人に任せる場合…
めんどくさいから直接入れちゃえ
ラクする
（もったいない）アパラーデーがる
コーヒーの粉はもったいないから減らしちゃえ
ペッ
結局お湯に直接粉を入れる
ドリップマシンでも
コーヒー粉1杯で1カップ分だからね？
マダム
ハイ
でも少ないほうが元手も安く済むし…
お店のため!!
わかりゃしない黒いから
自分が飲まないものは理解できない
パカ
絶対こうなる…
目に浮かぶようだ…

決断
ドリップはハンドもマシンもダメだ!!
ドリップがちゃんと出来るならあんな全土でコーヒー出してない
やっぱエスプレッソマシンだよ!!
エスプレッソマシンの場合は
プロ仕様のは高いし重いし…
100万～とかフツーにする
こういうハンドルにコーヒー詰める→
難しそう…
入れるコーヒー粉減らされそうだし
この時点でもったいない
ハンドル
これぱっかり
ここはもう全自動しかない!!ということで
コレだー!!
デロンギのマグニフィカという機種を選んだ
中古で5万円ぐらい
日本で購入
性能
コレは
パカ
豆を直接後ろのポケットに入れておけば…
いっぱい入る
1杯ごとに挽いてくれるので
シュー
豆の量を変えることができない
ミルクフォーマー↑
↑ハンドルをセットする必要もなし
一応このダイヤルで豆の量を変えられるが
スリランカ人はいじらないだろう
目で見えればケチるけどさ
豆を・・・減らすなと
理解してないから豆は減らすけど
ダイヤルを・・・いじるな
では雲泥の差なんだよね
理解してないからマシンはいじらないだろう
これが私のスリランカライフハック

誤算

とりあえず挽く前のコーヒー豆買わないと
というわけで近くの大きなタウンダンブッラのスーパーへ
food city
スリランカは紅茶の国
お茶コーナーは充実している
ズラ～
…のだがコーヒーのコーナーは
←インスタント
粉
MILO
NESCA
↑ミロ
↑甘いインスタント
これだけ!?
普段お湯に直接入れてる残念なコーヒー粉が1種類だけ…
LANKA Coffee
DUST
→これに比べたらインスタントの方がいい香り

選択の余地

マジか…
豆どころかフィルターすらない
コーヒー粉が売ってるのに紙フィルターがないのだ
おわかりだろうかこの事態
NESTLE Coffee
LANKA Coffee
誰もコーヒー淹れる時フィルターを使わない
なんでそこまでフィルター全否定なんだ…
ゾッ…
絶対においしく作らないぞっていう強い意思…
つまり誰もコーヒーなんか飲んでないということだ
飲んでりゃ誰かが何とかしそうなもの
その上ガムシロもない!!
アイスティーとかをどうやって甘くする?
(アイスティー自体がない)
この国の人は飲み物をアイスでも飲まないから…
多様性ゼロ社会
アイスで飲んだら「ピッスー」って言われる
(頭おかしい)

単一思考

日本だと
こうはならない
お湯にコーヒー粉入れて飲んでもかまわないけど…
フィルターを通して飲みたい人のために必ずフィルターは売っている
豆から挽きたい人のために粉だけじゃなく豆も売っている
ホットで飲む人はもちろんのこと
これが多様性のある文化というものだよね
アイスで飲みたい人のためにも必ずガムシロップはある
しかしここでは「コーヒーなんか飲むのは外国人だけ」
コーヒー飲むのはマイノリティー
← 知るか紅茶飲め
これが先進国との違い…
という認識でコーヒー飲む人のことまったく考慮しないのだ

浅い

しかもスリランカではさらに問題があって
観光客の事スッダ(白いの)って呼んでる ←
ワンコフィ
コフィプリーズ
白いのがコーヒーくれってよ!!
ここは観光で食ってる人が大多数なのに
物の本質を理解しないのだ
ハイハイ黒いのね
♪ サッ サッ
ギリギリ色が付く量
マネをするのはパッと見の表面だけ
本来なら好みじゃなく飲まないにしても試してみて
あっ外国人はこういうところが好きなのかな?
なるほど
ここまで理解して出さないといけないと私は思う
自分の文化はかたくなに守るくせにほかの文化に無頓着
黒きゃいいんだよ
飲んでから言えよ →
サービス業なのに
だから手順も守らない
もっといえば敬意がたりないのが大問題(ほかの文化に対して)

手順には理由があるんだよ…

ピンチ

しかし今 そういう不満を いっても仕方ない
とにかく豆を 買わないと!!
行くぞ!!
大きい街のスーパーなら コーヒー豆ぐらい 売ってるだろう
↑ビジネスパートナーのニッサンカ
ところが…
クルネーガルの スーパーにもない!!
シーギリヤ
クルネーガル
スリランカイチの 大都会でも…
コロンボに ないだとー!?
コーヒー用 パウダーミルク は手に入った
シーギリヤ
クル ネーガル
ネゴンボ
コロンボ
このままでは 生豆を育てて
焙煎(ばいせん)するところ からスタートか…!?
スリランカ 半周したぞ…
白人の街ゴールの スーパーにも ないとは…
シーギリヤ
ネゴンボ
クルネーガル
コロンボ
ゴール

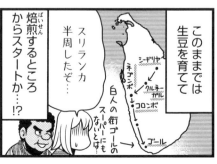

入手困難

何!?
わかった いってみる
サチコー 友人の友人の 家族がイタリアに 出稼ぎにいってて
コーヒー豆とか エスプレッソ マシン とか
その兄弟が個人輸入 したグッズをベントータ で売ってるって
それだーー!!
シーギリヤ
ネゴンボ
クルネーガル
コロンボ
ベントータ
ゴール
今すぐ ベントータへ!!
今から 戻るの!?
そこでなんとか イタリア製の コーヒー豆をゲット
エスプレッソ用の 豆10kgください!!
ハア ハア
ハイよ 通販も するよ
豆買うだけでここ まで苦労するとは
世界よ、これがスリランカだ

第7話 エスプレッソとカプチーノ

スリランカ中をまわって
ようやく手に入れた
コーヒー豆
1kg4千5百ルピー（約2千5百円）
1杯20g（多めに）使うと見積って
1000÷20＝50
50杯作れる
とすると1杯にかかるコストは
4500÷50＝90Rs
90ルピー!!
他に水代や電気代もかかるけど
これをいくらで売るべきだろうか
お湯に直接コーヒー粉
バババ
「普通の」コーヒー
たとえばこの辺は普通のコーヒーがポット200～300ルピー
そして普通のコーヒーも出す所もあるにはあるけど…
ポン
と入れるだけ…
実はソレカプセルコーヒー
ここらの人にはこれが限界
それでも一応クレマが立つし香りもあるのだ
↑「普通」のよりは
これがなんと!! 500ルピーから!!
高っ!!
Espresso 500Rs
Cappuccino 650Rs
…
←ビジネスパートナーのニッサンカ
ほかに飲める所がないからだよサチコー
絶対ウチのコーヒーのほうがおいしいよな
豆から挽いてるしマシンだし!!
デロンギ マグニフィカS
スゲ～～～!!
もうかるぞ～～～!!
しかし私が目指すのは気軽なドトール…
もしくはセ〇この100円コーヒーみたいな…
…よし決めた!!
店もしょぼいし
個人的に高級なカフェは入りにくいから…

ウチのコーヒーはワンコイン!!
…ならぬ1ドルだ!!
約180ルピー
1us$
ウソだろサチコ〜〜〜〜〜!!
1ドルでコーヒーが飲める店!!

1
ウチは本物のコーヒーなんだぞ!!
知らないクセに
他がアレなんだから
だってコーヒーみたいな気軽な飲み物に500ルピーは高すぎるよ
←日本人の私の感覚

2
ここではランチのカレーが100〜300ルピーだぞ
500ルピーだったら2〜3個カレーが買えちゃうじゃんか!!
=

3
少なくともコーヒーは
ランチより安くないとおかしい!!
食後のコーヒーが食事より高いなんてイヤだ!!

4
というわけで1杯1ドルね
そんなァ〜〜
ガックリ…
せっかくのビジネスチャンスがあ〜〜〜
スリランカ人だってお茶が500ルピーだったら怒るだろうに

お茶は20から50ルピー(カップ)

後手後手

とりあえず実際に淹れてみよう
ホラ!!
え〜〜〜とまずこのコーヒー豆は…
買ったコーヒー豆を検証してみたところ
ダークローストか…
DARK
エスプレッソ用にと伝えて買ったのだが
ミディアムローストとダークローストがあるヨ
とにかく
エスプレッソ用で
ちょっとググろ
これで良かったのかなァ
調べてみたところコーヒーはローストの仕方によって味が全然違うという
ええーーっ!?
家ではインスタント派↓
中にはエスプレッソに向かない豆も…

ロースト分類

豆はローストする時間によって風味が変わる
浅煎り
中煎り
深煎り
スッキリ酸味
バランス
コク苦味
ロースト＝焙煎
浅煎りは
何も入れずに風味を楽しむ
最近ブームの飲み方
お茶のように軽い
強い酸味
フルーティーで酸味が強いのが特徴
中煎りは
ブラックで味わうも良し
ミルクや砂糖入れても良し
何にでも合う
苦味と酸味のバランスが取れていて日本人に好まれる
深煎りは苦味が強く香りがいい
砂糖やミルクと相性良し
朝飲んでシャッキリ
食事やスイーツとの相性良し
そうだったのか…
今知ったわ
エスプレッソマシンにはコレ

挽き方分類

また挽き方によってもかなり変わる
極粗 粗挽き
中挽き
極細 細挽き
苦味
バランス
酸味
豆を細かく挽くほどにコーヒー成分が濃く苦味が出て
へーっ
反対に粗く挽くと苦味は少なく酸味が強く出る
そして抽出器具によって適している挽き方が違うので
そうなの!?
器具に合った挽き方をすること
器具の構造によってコーヒー粉とお湯が接する時間が変わってくるためである
長い 粗挽
短い 細挽
深すぎるぞコーヒー!!
覚える事多っ!!

実 飲

えーとエスプレッソマシンの場合 深煎りが向いていて…
良かった〜
ダークローストは深煎り全般を指すのでこの豆でOKだな
エスプレッソマシンは短い時間で一気に圧力をかけて抽出するので
カチッ
うしろに挽き方調整つまみがある
一番濃く(極細挽)しておこう
おお…!!
この香り!!
どれどれ俺も…
本物だ!!
苦い……
頭痛い…
今までお湯みたいなコーヒー出しやがって
苦くないとダメなんだよ!!
どんだけコーヒー飲み慣れてないんだ

懸念

ピッスーだ!! こんな苦いもん飲む外国人は頭がおかしい(ピッスー)に違いない!!
苦い～!!
クッどもが…
本物のコーヒーを初めて飲んだ現地人は全力で否定…
こういう人間にも飲みやすいようにわがカフェには
エスプレッソに続く目玉商品を計画中である!!
カプチーノ!!
ふわふわのミルクの泡
優しい風味
砂糖も合う
カプチーノを出せるのはシーギリヤでウチだけ!!
しかし…ここにも問題が
あれっ…?
…まさか!?
実は私 ここに住んでてミルクを見たことが…ない

材料

村人が毎日お茶に大量に入れているのは
100%粉ミルク
Anchor
Full Cream Milk Pow
ちょっと高いホテルでお茶を頼むと出てくるミルクピッチャーも
お湯に粉ミルク溶かす
ダマが残ってる
実は粉ミルクだ
私はたまーに本物のミルクが飲みたくなった時は
牛は朝と夕方に乳を出す
牛の所にいって搾っているのだが
イヤな予感がする!!
food city
まさか…牛乳が…売ってない!?

→タウンのスーパー

牛乳も入手困難？

案の定
ない!!
ヨーグルトはあるのに牛乳が…ない!?
For an awesome you!
こんな粉ミルクでカプチーノができるのか…?
本当にこれしかないのか…?
Anchor
もしくは
毎朝 牛の所へ…?
あんなもんで
おいしいカプチーノができるもんかー!!
搾りたては脂肪とかゴミとか浮いてるし…
色が毎日違うし
漉して…
煮沸消毒

存在確認

サチコー
フレッシュミルクはこっち…
ええ〜〜〜〜っ!!
常温コーナーに牛乳が!!
なんとスリランカの牛乳は全部ロングライフミルクだった
あまりに消費量が少ないんだろう
Kotmale
1パック230ルピーぐらい
どうなるかと思った…
ホッ
これはおいしい!! 砂糖入れたら
なんとかカプチーノも出せることに…

第8話　ケーキを出したい

ところで
みなさんは
カフェ開店準備中
スリランカで
カフェにいったら何を頼みますか
コーヒーと一緒に何かちょっと甘いもの…
そう!! ケーキです!!
カフェには
ケーキが必要なんです!!
でも私にはムリッ……!!
作ったことないし!!
現地人ビジネスパートナーのニッサンカ↓
オレも…
主婦なのに…
でもケーキは置きたい
どうしよう……
カフェなのにケーキがないなんて
タウンのカフェはみんな仕入れてる
仕入れればいいんだよ
既製品か…
もちろんスリランカにもケーキはある
こんなの
おおっ
いいんじゃない!?
1個50~90ルピー（30~50円）
…って思うじゃないですか
えっ…
それがスリランカあるある

立派なのは
パッと見だけ
甘っ…!!
くさい!!
ベタベタしてる!!
ケーキもまた然り
きっと食べた事ない奴が作ってる
食えたもんじゃねーー!!
1
シーギリヤ近辺で見かけるケーキは
砂糖…日本の5倍以上は入ってると見た…
それに何の脂だろう このベタベタ…
すべて見かけ倒し
2
しかも いろんな種類があるのに
トライアングルケーキ
チョコレートケーキ
バターケーキ
アップルケーキ
すべて同じ味!!
砂糖味…
チョコレートケーキでチョコの味がしないって (チョコケチってる)
3
これらのケーキは「ケーキローリー」というのが回ってきて
お店に卸していくのだが
4
許せないクオリティ
こんなのウチのカフェには置けない…
どうするカフェケーキ
でもケーキはいる
かといって作れないし

普通のやつ

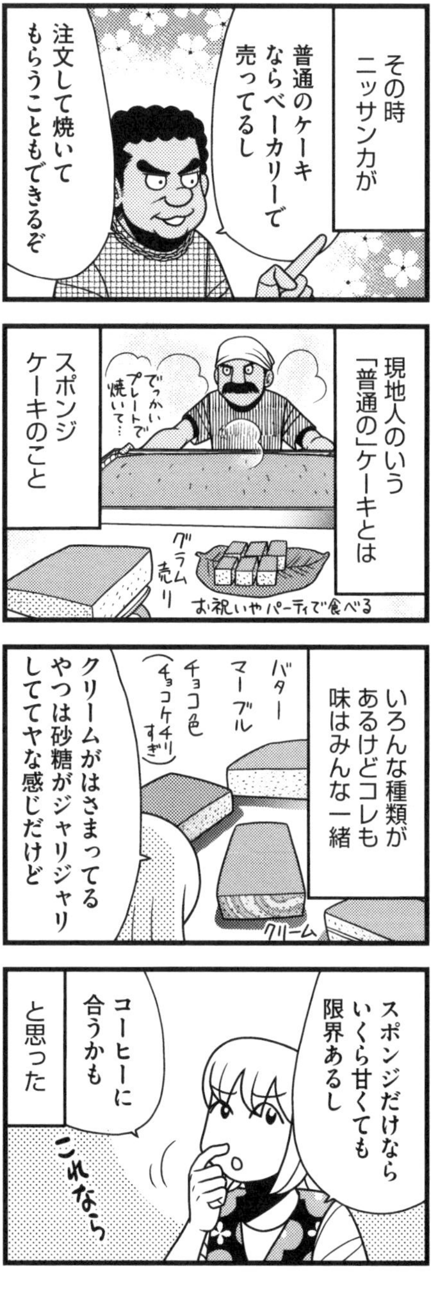
その時ニッサンカが
普通のケーキならベーカリーで売ってるし
注文して焼いてもらうこともできるぞ
現地人のいう「普通の」ケーキとは
スポンジケーキのこと
オイルケーキという
でっかいプレートで焼いて…
グラム売り
お祝いやパーティで食べる
いろんな種類があるけどコレも味はみんな一緒
バター
マーブル
チョコ色
(チョコケチりすぎ)
クリームがはさまってるやつは砂糖がジャリジャリしててヤな感じだけど
クリーム
スポンジだけならいくら甘くても限界あるし
コーヒーに合うかも
と思った
これなら

妥協

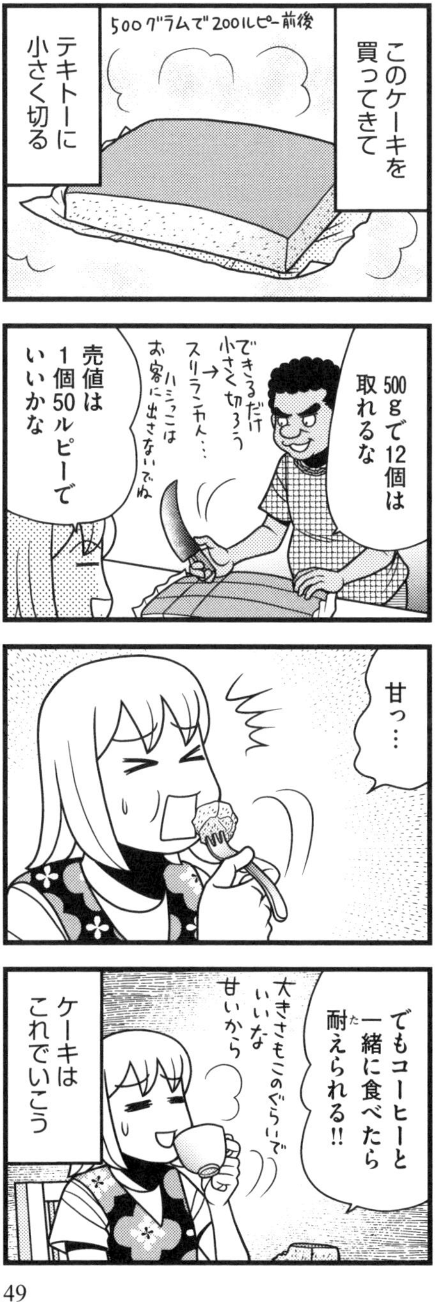
500グラムで200ルピー前後
このケーキを買ってきて
テキトーに小さく切る
500gで12個は取れるな
できるだけ小さく切ろう
→スリランカ人…
ハシっこはお客に出さないでね
売値は1個50ルピーでいいかな
甘っ…
でもコーヒーと一緒に食べたら耐えられる!!
大きさもこのぐらいでいいな甘いから
ケーキはこれでいこう

常識は通用しない

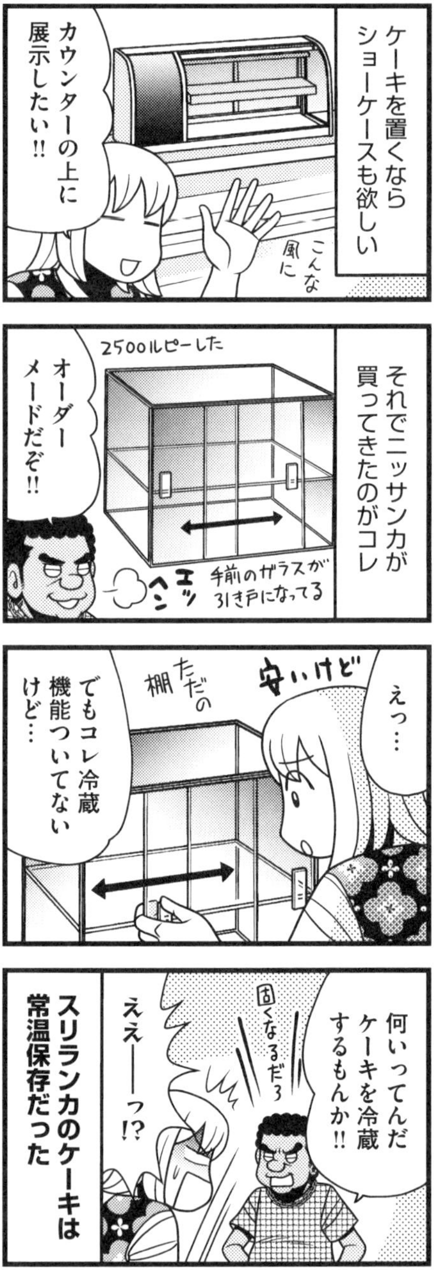
ケーキを置くならショーケースも欲しい
カウンターの上に展示したい!!
こんな風に
それでニッサンカが買ってきたのがコレ
オーダーメードだぞ!!
2500ルピーした
手前のガラスが引き戸になってる
エッヘン
えっ…
でもコレ冷蔵機能ついてないけど…
ただの棚
安いけど
何いってんだケーキを冷蔵するもんか!!
固くなるだろ
ええーーっ!?
スリランカのケーキは常温保存だった

棚の存在意義

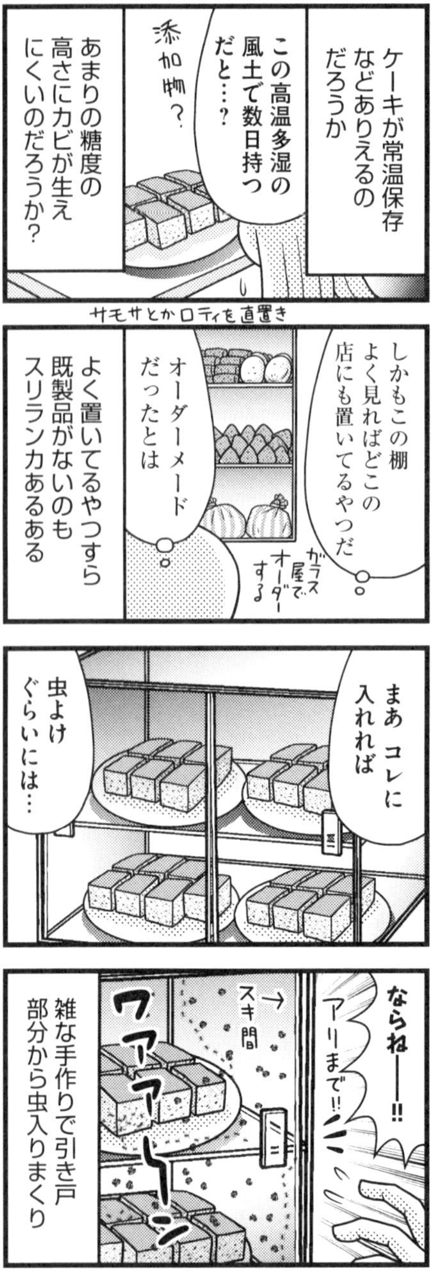
ケーキが常温保存などありえるのだろうか
この高温多湿の風土で数日持つだと…?
添加物?
あまりの糖度の高さにカビが生えにくいのだろうか?
サモサとかロティを直置き
しかもこの棚よく見ればどこの店にも置いてるやつだ
オーダーメードだったとは
ガラス屋でオーダーする
よく置いてるやつすら既製品がないのもスリランカあるある
まあコレに入れれば
虫よけぐらいには…
ならねーー!!
アリまで!!
スキ間
ワアアーン
雑な手作りで引き戸部分から虫入りまくり

文明の利器

こういう場合
われわれ日本人は
…ラップだ!!
カバーすればいいんだ!!
…と思う
カフェにはラップが必需品
ジュースも作るし
ケーキやフルーツなどかぶせるものはいろいろある
うーむ
しかし
スリランカにはそんな便利なものは……なかった
なんて国だ!!

冷蔵庫の役割

というのもここでは
カレーも1日3回作っては捨て捨てては作り…
米も3回炊いてバンバン捨てる
いまだにカマド
食べ物を保存する文化がないのである
暑くて腐りやすいのもあるだろうし 南国で食料が豊富なのもあるだろう
ワアアアア
ものすごくハエがたかってるよ!?
果物も切りっぱなし
よくて冷蔵庫に入れ……
しぶしぶ
かゆくぬ
そのまま!?
夜はプラグを抜く
なぜ!?
いたむよ!!
冷蔵庫の使い方知ってる?
電気代がもったいない
アバラーデ
電気代はもったいなくて食べ物捨てるのはもったいなくないスリランカあるある

マネクオリティー

正確にいえば
ラップは「売っている」
大都市にいけば
高いけど買う
ことはできる
こんなに細くて
600ルピー以上とか!!
だがこれが国産
うわっ
ぶ厚い!!
何コレ!?
すぐに
使い切りそう
にょ〜〜
えっ刃が!?
しかも内側に
向いている!?
何のために!?
うわああ やっぱ
切れない〜〜〜
厚紙
にょ〜
スリランカあるある
つかないっ
ただのビニール
だぁ〜〜〜!!
ビリ
ビリ
パッと見(み)ラップ

文明に感動

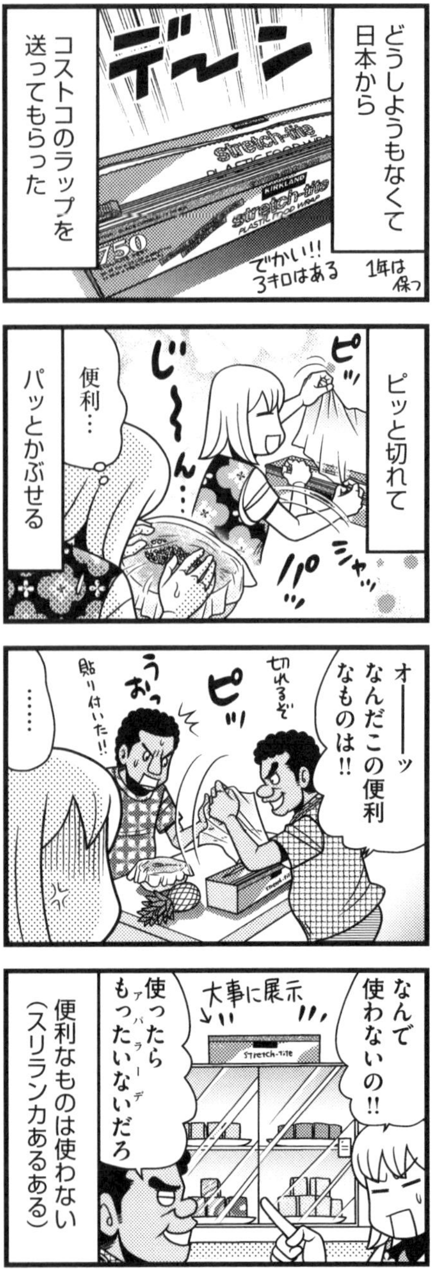
どうしようもなくて
日本から
コストコのラップを
送ってもらった
デ〜ン
KIRKLAND
stretch-tite
PLASTIC FOOD WRAP
750
でかい!!
3キロはある
1年は保つ
ピッと切れて
パッとかぶせる
便利…
じ〜〜ん…
ピッ
シャッ
パッ
オーーーッ
なんだこの便利
なものは!!
切れるぞ
ピッ
うおっ
貼り付いた!!
……
便利なものは使わない
(スリランカあるある)
なんで
使わないの!!
使ったら
もったいない(アパラーデ)だろ
大事に展示
Stretch-tite

第9話 開店間近

スリランカでカフェオープンの野望
メインであるコーヒーの準備はほぼOK
店名は
日本風にキャラも作った
テキトー
んー…じゃあ『CUTE(キュート)』で
象のCUTE先生
水道も引いた
これには上水道権利やワイロ・工事費で5万ルピーほど
↙早くやってもらうため
お店のメニュー表は手書き
カンバンも手作り
CAFE CUTE
飲食店を開くに当たって何か許可とかは…
保健局とか
いらない!! 開くだけだ
ビジネスパートナーのニッサンカ
書類手続きはとくにナシ
一応ビジネス許可証は会社で取ってる
大丈夫なのか…
日本だとこうはいかない
この辺がすごいなスリランカ
ただテナントの契約は
よく日本人がお店を開いて軌道に乗った頃乗っ取られてるし
いきなり家賃倍とかインネンつけられて
こわい…
オーナーはオレの古い友達の家族だから大丈夫だ
平気だよ
親友
↑こういう事件が多発している
それでもちゃんとやるの!!
契約書
賃料は1万5000ルピー
る
目からは2万ルピーに値上げ
します。
弁護士を通してキッチリ結んだ

苦節2カ月
あと少しで開店できそう
1
開店準備も最後のツメの段階
テークアウトのために
厨房市場がある
持ち帰り用コーヒーカップなどを都会の市場で買いつけ
2
ジュースやアイスコーヒー用にも
アイスの棒
プラのフタ
ジュース用紙コップ
プラスチックの方が見栄えはいいけど紙で
ストロー まだプラスチックしかない
紙ナプキン
マドラーはなかったのでアイス用の芯棒で代用
3
問題はアイスコーヒーに入れる
アホか
飲んだら体が冷えて死ぬ
現地人はお茶やコーヒーを絶対冷やして飲まない
ガムシロップがないことだが…
4
考えた末 キトゥルパニー(キトゥル椰子の樹液)で代用することに
あっ意外といけるかも!!
コレおいしい!!

砂糖難民

砂糖はちょっと苦労した
コーヒーに入れるのは
黄色い↓
べちゃ
サラサラした白い砂糖がいいよね……
上白糖っていうの?
←お店で出てくる砂糖
ところがコレが
スーパーの売り場
205/=
205/=
Red Kadu Rice
96/=
93
全然ホワイトじゃねーし!!
ない!!
White Sugar
149/=
Rice
263/=
パックのやつも
ツブでかっ!!
もうなんかベタベタしてる
あきらめて「その時一番白いやつ」を買うことに
サラッとしてるのめったにない→
日によって出来が違うし…

設備充実

冷蔵庫や
現地で買った
ホシザキ!!
(日本製)
製氷機もそろえた!!
とくに製氷機
村中で製氷機を持つお店はウチだけだぜ
以前コンテナで日本から送って倉庫にしまってあったものがついに日の目を見た
実はカキ氷機もあるので
これも以前コンテナで運んだ
村で唯一カキ氷が食べられるカフェになる!!
フルーツはいっぱいあるし
カキ氷シロップさえ手作りできれば無敵か!?
もちろん売ってない

ソフトドリンク

暑い国では
ペットボトルの水や
ジュースも必須
なのでジュースの
ショーケースも買った
7万ルピーぐらい
安いやつ
ペットボトルの
仕入れは
ペットボトルローリー
週に数回ペットボトル
販売車が回ってくるので
そこでできる
1本1本仕入れ値が
ビミョーに違うし
たとえば
ジンジャービアーの
仕入れ値63ルピー
定価もビミョー
に違うのだ
ファンタは
仕入れ値
70ルピー
とか
しかし63ルピーで
仕入れて定価が
70ルピーとかなので
売る
意味ね〜
もうけ
少ね――っ!!
ほとんど
慈善事業だ…

観光客価格

ダイエットコークが
仕入れ値63ルピー
定価70ルピー
普通のコークの
ほうが高いのか…
私のイメージでは
ダイエットコーク
の方が
高そうな…
ワナか
コークが仕入れ値
70ルピー　定価75ルピー
コークをダイエット
コークの値段で
売ってしまうだけで
仕入れ70ルピーで
売値70ルピーとか…
キケン…
もうもうけは
ふっ飛ぶのだ
やる意味ある?
ムリして置かなく
てもよくね?
そして
定価が超
小さくて
見えないのも
ワナ…
老眼でなくても見えない
サチコー
何も定価で売る
必要はないんだ
観光客には一律
100ルピーでいいんだ
冷やし代だ
定価で売る
のは現地人に
だけ
そういうこと…
ぼったくり…

フルーツのポテンシャル

そして現地人が
フレッシュジュースも売るぞーサチコー
というのでミキサーも買った
トロピカル大国スリランカは
作れるの？
スリランカ人なら誰でも作れる
もちろんだ
果物の種類が豊富でおいしい
作り方は果物をテキトーに切り
氷3カケラと水と砂糖をぶち込むだけ
ガァ〜
んま――――い!!
砂糖半分にしたら超うまい!!
観光客用に砂糖控え目(なくてもいい)にすればヒット間違いなし
→現地人は砂糖入れすぎる…

最後の難関

これで準備は万端
あとは開店するだけだ!!
いつ開店にする？
坊さんに占ってもらいにいかないと…
ギクッ
実はスリランカは占い大国でもある
何か新しいことを始める時(店の開店はもちろん工事や結婚の時とかも)
時間に合わせてココナッツミルクをふきこぼす儀式
店中でお香を焚く
etc…
必ず坊さんによい日時を占ってもらうのだ
しかもそれは「分単位」で守らないといけない
うんざり
はァら
またかよ…
そんなんでうまくいきゃ苦労しないよ…
いつもは時間など「絶対に」守らないくせに

納得いかない

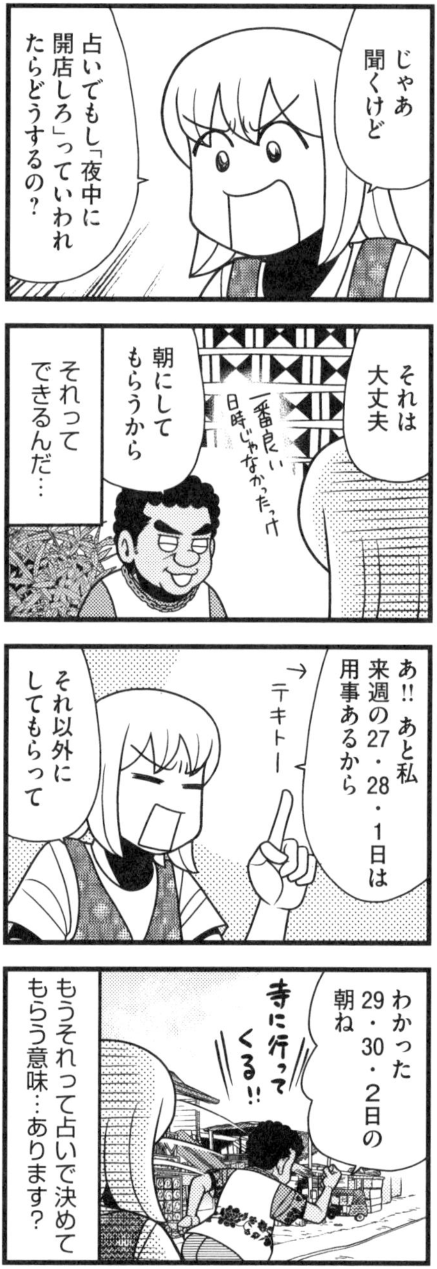
じゃあ聞くけど
占いでもし「夜中に開店しろ」っていわれたらどうするの？
それは大丈夫
朝にしてもらうから
一番良い日時じゃなかったっけ
それってできるんだ…
あ!! あと私来週の27・28・1日は用事あるから
→テキトー
それ以外にしてもらって
わかった29・30・2日の朝ね
寺に行ってくる!!
もうそれって占いで決めてもらう意味…あります？

開店日決定

いってきた
いつになったの？
来週の2日になった
どれどれ
いよいよ開店間近!!
←12月2日の午前10時23分
分まで!!
これ絶対占いとかじゃなくテキトーに書いてると思う…

いつもこれが不満→

第10話 スリランカ最大の問題

さていよいよ
カフェ開店まで あと1週間と迫ってきた(占いで決められた日)のだが
あと必要なのが
従業員である
私やニッサンカは
忙しいもんね
ビジネスパートナーのニッサンカ
ゲストハウス(本業)があるのでいつもカフェにいるわけにはいかない
店員は最低ひとりは絶対に必要だよね
今雇ってるホテルの掃除ボーイは…
月給3万ルピー(約1万7000円)
給料はいくらぐらい払えばいいんだろう…
そうだな掃除と違って 肉体労働ではないから
せいぜい2万ルピー… 女なら1万5千ルピーぐらいだなあ
雇うのは女だな!!
イヒヒ
人件費安いし
店に女がいたら客がくるし
ククラ(スケベ)どもが…
イラッ
それは現地人限定だろうが
しかし給料1万5千ルピーって…(約1万円弱)
やってられないな…
月・・にだよ
スリランカはまだまだ物価も人件費も安い国なのである
こんな国(スリランカ)でビジネスすれば
コストが超削減できて企業はさぞかしウハウハだろう…

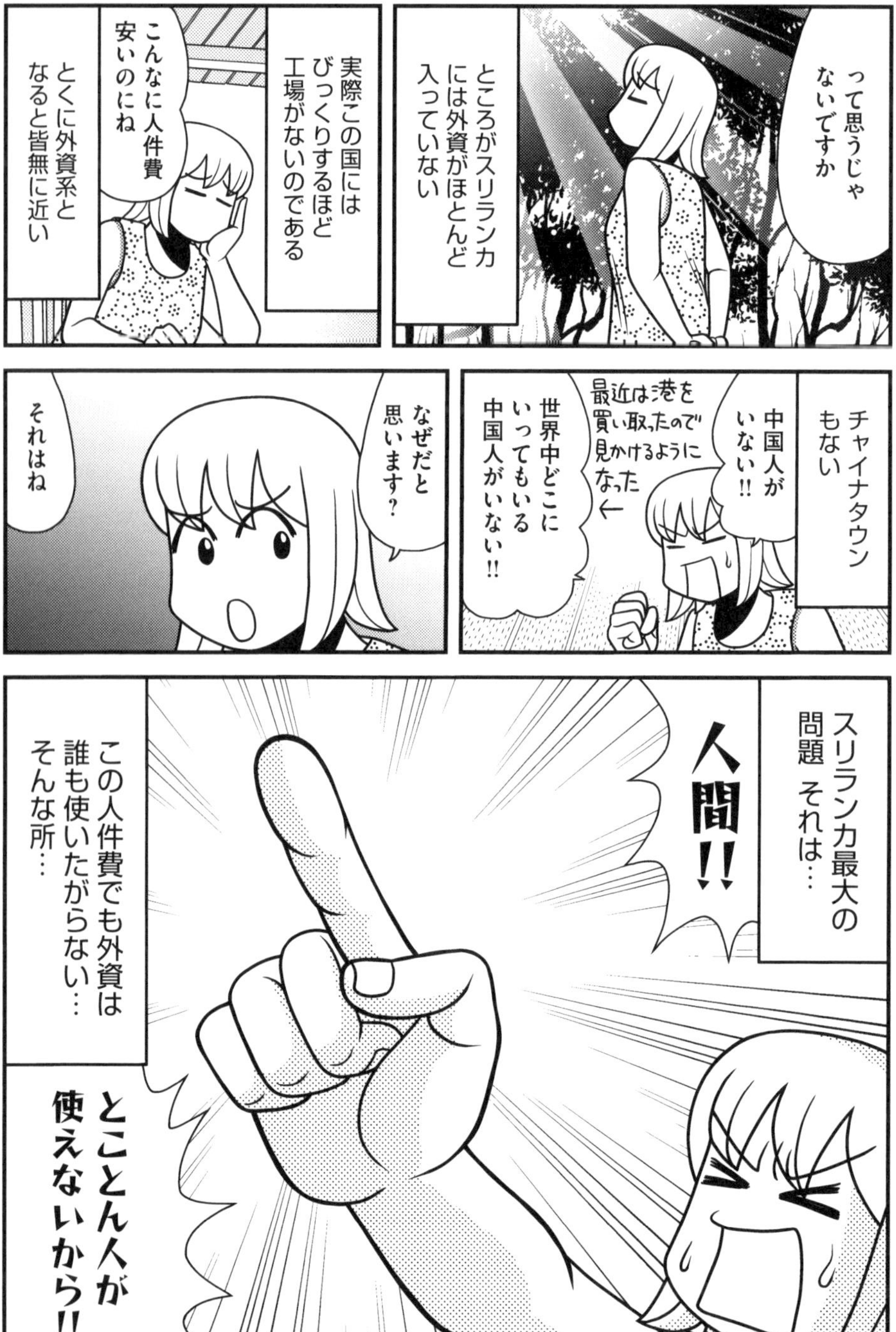
って思うじゃないですか
ところがスリランカには外資がほとんど入っていない
実際この国にはびっくりするほど工場がないのである
こんなに人件費安いのにね
とくに外資系となると皆無に近い
チャイナタウンもない
中国人がいない!!
最近は港を買い取ったので見かけるようになった ←
世界中どこにいってもいる中国人がいない!!
なぜだと思います?
それはね
スリランカ最大の問題 それは…
人間!!
この人件費でも外資は誰も使いたがらない…そんな所…
とことん人が使えないから!!

経緯

フツーに考えたら
1日の日給ぐらいで1カ月雇えるからね
スリランカに工場を建てたらかかる人件費は日本の30分の1から
誰だってコストは抑えたいもの
じゃあなんで外資はここに工場を建てないの？
実は昔 いっせいに外資が入ってきたことがあったそうで
外資が作った工場があるとする
たとえば9時が始業時間として
まず9時には誰もこない
外人マネジャー（だとしたら）理解不能
なんで!?
ラインがまわらない
ガラ〜ン

理由

もちろん連絡すらないので
なんでこないんだっ
ポツリ ポツリ
遅れてきた人々
いちいち確認を取ったとして
家族が病気なので病院にきてんだよ
チッ
電話してくんなよな…
友達が死んだ
車が壊れた
この3つの理由（絶対ウソ）をキレ気味でいってくる
とくにひどいのが給料日の翌日
金をもらったらまずこない
次にくるのはその金を使い果たしてから
こんな状態じゃ工場とかまったくまわらないでしょ!!
ボーゼン…
それでみんなカンカンで撤退したと聞いている

ストレスフル

工場とか大会社でなくても
コロンボで日本食レストランやってたんだけど
コロンボ(都心)在住Mさん
スリランカ人を使うのは日本人には難しい
毎晩6時半にお店の電気を点けてねっていうんだけど
パチッ
ゆかる
それができない
何回いってても点けない
何回いってもやらない
ヘラ
ヘラ
ヘラ
ヘラ
ヘラ
いえばいうほど絶対点けない
点けられるようになったらこなくなる……
うう…
すっごくゆかる…
細かい事でここまでイライラさせるってのも才能だよ
もうかってたけどそれ以上にストレスがひどくて閉店……

根本的な問題

日本語学校のNさんのいってることはもっと深い
イスを引いて立ったら元に戻してていっていってるんだけど
できる子がいない
机を使ったあとは拭いてっていってても拭く子がいない
なんでって聞くと「また使うから」とかいってくる
面接の練習でも親の職業をいえる子がいない
全員が「ビジネス」って答えるんだけど
あのね～なんか～ビジネス～
「日本にきたら何がしたいか？」の質問に答えられない
女の子はこういうしゃべり方…
そういう子供たちをイチから訓練して日本に送らなきゃいけないから…
ハァ～
面接のセリフはこちらで考えて丸暗記させてる
絶対ムリ…
基本的に子供に「しつけ」する概念がない国なのだ

人間の難しさ

そう…ここでビジネスをやろうとする外国人はみんな同じことに苦しむのだ
時間を守らない
約束を守らない
ルールを守らない
責任感がない
謝らない
敬意がない
つまり「人間」である
そもそもその「概念」がない人間にそれを教えようだなんて…
人の話を聞くためにはまず「敬意」を持たねば
でも敬意の「概念」が…
もうこれは「不可能」に近い
とくに工場なんか簡単に見えてそうでもない
例えば不良品の検品でラインを見張る仕事としたら…
ペチャ
クチャ
スル
スル
品質を保つには意味を理解しないと
不良品大量発生→
そういうわけで
コレ↓建てたから
私も身に染みてわかってる…
こんなに人件費が安くてもそれを使おうとする外国人はもうほとんどいないのであった

希望は見えるか

そういう場所柄なので
毎日来て指でコーヒーマシンのボタン押せればもうそれだけで
私は雇う店員に対してなんの期待もしてないけどね…
もう見つけてある
早っ!!
どうやって見つけた?
知り合いの知り合いの家で娘が余ってるそうだから
オレんとこ娘が家に座ってるよ
娘は親の所有物↓
じゃあ1人よこしてくれ
あとは道端で声かけた
ハーイ彼女オレのカフェで働かない?
どっちか先にきたほうを雇う
……
雇い方もすっごく期待できなさそうな感じがヒシヒシと

何人いても
そのあとも いくつか友達の 所をあたって
友達の家のヒマな娘 3人
3～4人に 増えたぞ
道ばた 1人
いくら増えても 開店日にきたんじゃあ 間に合わないからね
数日前から トレーニングきてから 働いてっていった？
いったよ？
それで 来ないんだ…
そう なんだ…
誰もこないな
そういや
ウン
開店3日前 だけどね…
まあ予想どおり
いつものパターン
だいたい学校を出た男 だって外資が激怒して 逃げだすクオリティーだ
女は意見をいわず どこにもいかず 家の中に 居るべし ～ジャングルの文化～
ペちゃ くちゃ
ろくに学校にいかせず 生まれてこのかた家に 1日中座ってる女性が 使えるとは思えない
だから期待できる とすれば道端で 声かけた女性
何というレベルの 低い勝負…
しかし外で会う ということはつまり すでに働いている
ズバリ!!
誰もこないと 見た!!
そして開店当日
やっぱ誰も こなかったね…
トレーニング どころか
オレらだけで 店開けるか…
だから最大の問題は 「人間」だといったのだ

第11話　すべては占い次第

スリランカでカフェを開こう計画
いよいよ開店日
この日に備えて
ビジネスパートナーのニッサンカ
カフェマシーンの使い方をみっちりトレーニング
とくにカプチーノの淹れ方は
私もそんなに上手くないけど
ここのボタンを押してランプが点灯したらここをひねる
スチーム
ジャグはななめに差し入れて
シュウウウウ
熱くて触れなくなるまでね
毎日練習
指で温度測る
ケーキも初日用にたくさん仕入れた
あとは従業員の女の子だが
とうとう当日になっても
来ても訓練してなきゃ役に立たないけど
誰ひとりとしてこなかった…
for here
to go
だからいったのだ　スリランカで一番の問題は「人間」だと
どうするの
このまま2人でオープン？
とくに家の所有物として1日中家に座ってるここの女性にできるハズもない
このまま開店するしかないだろう!!
大変だって
オープンは人が見つかってからにしない？

占いで決まってるからムリ!!
出来るわけないだろう!!
占いが本物なら今日従業員が来ない事も占えよ
そんな理由!!
そうスリランカは占いが絶対の国…
スリランカで店をオープンする場合
Free
初日は無料にするのが慣例だ
無料だけどタダではない
だいたい多めに払ってくれるのだが
額は客が値段を決めて支払う
そしてきてほしい人は お店側が招待する
こういう葉っぱを渡して招待する
とくに最初のお客は招待客で
ウチも村の名士を招待
運のある人にお金を落としてもらって店の繁栄を願うのだ
願ってばっかり
とことんめんどくさい習慣

開店時間

ソワ
ソワ
開店まで あと少しか…
久しぶりー
ガヤ ガヤ
ワイ ワイ
何してるんだ
しかし すでに店内は開店状態
あの……
占いでは…
いいんだ
10時23分（占いの時間）に「注文」を受ければＯＫ
あっそう…
占いって…

最初の１杯

そして占いの開店時間
招待した最初の客
このたびはおめでとうございます
コーヒーひとつ
ありがとうございます
ハイ どうぞ
ドキ
ドキ
ど…どうかな
グビッ
うっ………!!
ぐわあああっ!!
苦くて…飲めん!!
えぇ――っ!?

味を隠す

スリランカ人は
まともなコーヒーを
飲んだことがないため
ひいっ……
ざわっ……
苦いだと!?
客の間に動揺が走る
オレ
飲まない
ザワ
ケーキだけ
くれ!!
ザワ
ザワ
そんなァ～
ミルクいっぱい
いれるから
ドバドバ～
砂糖は各自で好きな
だけいれてくれ!!
おおっこれなら
飲める!!
苦くない!!
甘くしただけ←
うまい!!
ホ～～

ある意味贅沢

スリランカで入手が
難しいコーヒー豆を
惜しみなく使って
エスプレッソは
めちゃくちゃ小さい
コレを
フツーのカップ
に入れる
できたとびきり
濃いエスプレッソ
…に容赦なく
ミルクドバーーッ
砂糖ドバーーッ
グイッ
ガバッ
ああ
そんな
飲み方…
うう…
台ナシ
これこそが
「もったいない」…
うまい
せっかくの豆が…
この国で
主流のミルク
砂糖入りの
インスタント
初日だけ「ネスカフェ」→
にすればよかった…

よかった点

こうしてかなりの
ミルクコーヒーと
ケーキをさばいた
コーヒーは
もったいなかった
ものの
ありがとう
これからも
がんばって
おお…
ご祝儀相場の
おかげで
大金♥
1人頭
定価の倍は
くれる
かなりもうかった

招かれざる客

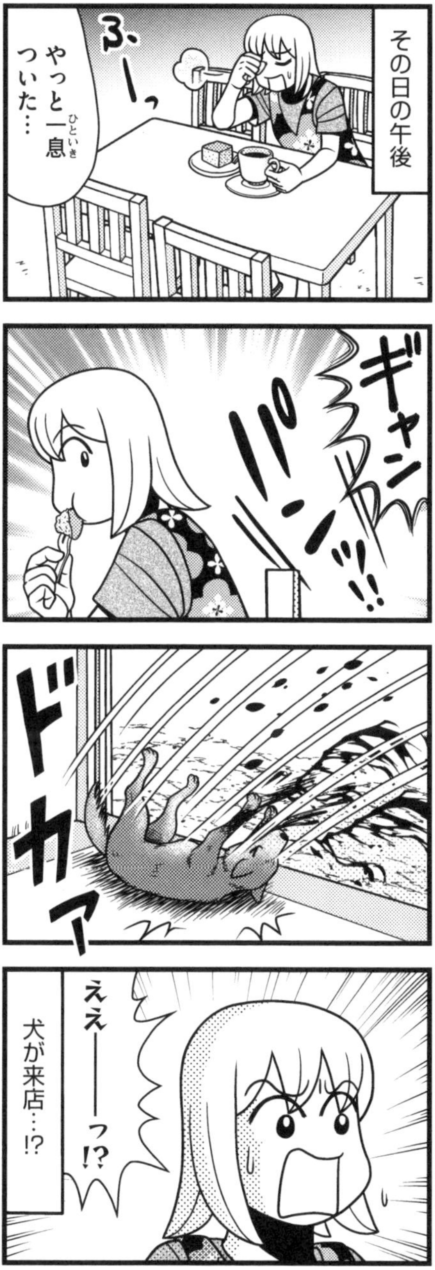
その日の午後
ふーっ
やっと一息(ひといき)
ついた…
ギャン
パリンッ!!
ドカァ
ええ———っ!?
犬が来店…!?

タイミング最悪

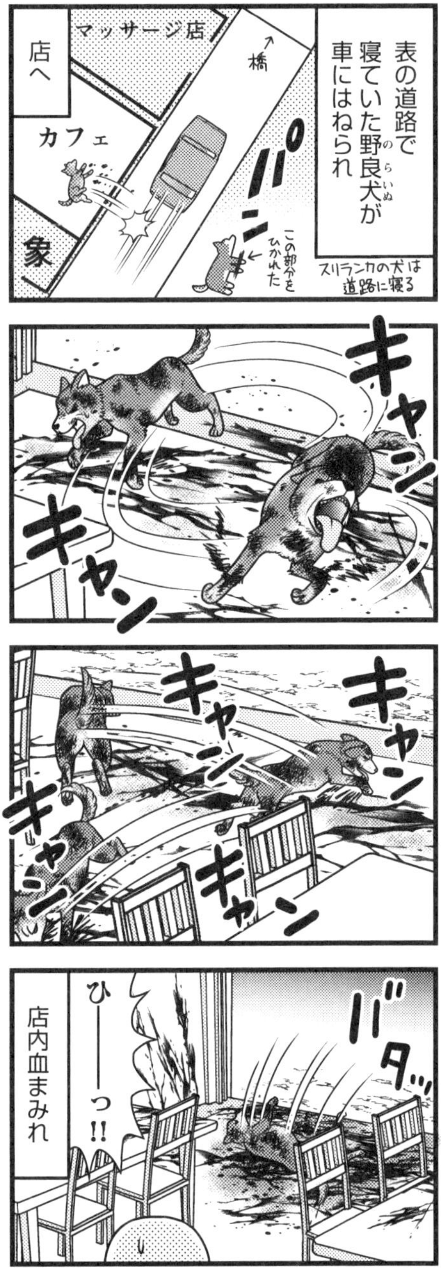
表の道路で寝ていた野良犬（のらいぬ）が車にはねられ
店へ
マッサージ店
橋
カフェ
象
パン
この部分をひかれた
スリランカの犬は道路に寝る
キャン
キャン
キャン
キャン
キャン
キャン
キャン
キャン
店内血まみれ
ひ――っ!!
バタッ

悪いのは誰

午後は結局 犬の血を掃除するのに追われたのだった…
うう…
ザバ～
犬は手術して助かった
そもそもカフェのオープンの日は私が今日と決めたのではない
占いである
一番いい日を選ぶための占いではなかったのか
インチキ…
やはり開店日を遅らせておけば…
それなのによりによって犬が飛び込む日を選ぶだなんて…
絶対もう信じない!!
くわっ
占い!!
ひどい開店日だった

第12話 ワンオペでのスタート

2018年11月
シーギリヤ唯一のカフェがついにオープン!!
CAFE CUTE
裏には象が住んでいるので
イメージキャラは象のCUTE先生
象のCUTEちゃん
初期投資はなんだかんだで35万円ほどかかった
約60万ルピー…
水道引いたしコーヒーマシン(デロンギ)やミキサーや冷蔵庫など…
テーブルセットは以前イケアで買って持ってきておいたものを使用
ホテルのレストラン用と思って持ってた
食器は日本のニトリなどで買いそろえた
それがこの
カフェCUTE!!
→テキトーに付けた
Tea and…
Tea 50rs
Kiri tea 70rs
Ice tea 70r
Fruit juice
Lassi 200rs
Cold drinks
Extra milk
Coffee Menu
Espresso $1
Brend coffee (HOT ICE) $1
Americano (HOT ICE) $1
Cappuccino (HOT ICE) $1.5
Cafe au lait (HOT ICE) $2
Cafe mocha $2
SISIL
Message Board

人手不足

すべり出しは上々(じょうじょう)
ハーイ
観光シーズン最盛期だったので お客さんはたくさんくる
しかし 従業員がいないため
ガ～～
ビジネスパートナーの
↓ニッサンカ
ニッサンカと私ですべてをこなさないといけない
ところでわれわれの本業はゲストハウス
従業員は
掃除ボーイ
ニッサンカ
私
3人…
問題はゲストハウスも
今日 到着は1・3・5・6号室だから
部屋チェック行ってくる
こっちは…!?
シーズン中は忙しいということ…

過労状態

まず朝ふたりでカフェにきて
私が店の開店準備
その間にニッサンカはゲストハウスで
お客さんに朝食出し
その後 チェックアウト業務や
ツアーの手配が午前中ずっと
その間 私はずーっと店番…
ワンオペ!!

切実

ニッサンカは午前中の作業が終わると一応店にくるが
ちょっといってくる!!
お客さんのチェックインやいろんな要望や業務でいったりきたり
もうダメだ!!
こんな生活は1週間も続かない
ガクッ
理想と
現実
コーヒー飲む時間なんてナシ…
私はっ…労働がっ……キライ…なんですっ!!
サービス業もっ…!!
だって…漫画家なんですものっ…!!

候補者

そこで今回は真剣に
私にサービス業はムリ!!
どうしてもひとりは必要!!
従業員を探すことに
どこか友達の家に余ってる娘いるかな~~~~
ポチポチ
期待値低…
やっぱそういうの雇うんだ…
結局女性だったらそうなる
っていうか
はっ
あんたの家や!!
実はニッサンカの家には娘がふたりいて
自分が娘出せよ!!
上の娘は大人
下の娘はまだ学生
ニッサンカそっくり
う~ん
ひとりはとっくに成人して家で座っているのだ

懸　念

あれはなー
下の娘ならちょっと役に立つんだけど 上は…
使えるかなー
自分の娘となると出し渋るニッサンカ
使えないのはみんな一緒!!
スリランカ人仕事しないもん
忙しい時のヘルプとか でも店番ぐらいできるでしょ!!
じゃあとりあえず
ニコ
ニコ
試験的に入れてみた
コーヒーの淹れ方はもう覚えた?
ニコ
答えるのNGなの?
覚えた?
ニコ
大丈夫かな…

困った能力

この辺りで女の子といえば
ニコ
ニコ
いわゆる「女はバカの方がかわいい」を内面化
この娘はその典型
「無能」でいることをよしとされる
グッモーニーン!!
お客さんきたよ!!
動かない!?
ケイタイ
ニコ
ニコ
覚えるのそこから!?
エスプレッソふたつで
ハロー?
ニコ
ニコ
くね
くね
……
コーヒーの淹れ方とか 以前の問題

想像以上

そのほかにもひとりでお店にこられず
しゃべれるやん…
ペチャクチャ
親せき 友達を引き連れてくる
机拭いて
洗いものやって!!
ペチャクチャ
いわないと何もしない
言ってもしないけど
ほっとくとローカルの溜まり場になってしまい
……
アニメ~
アイヤ~
エポ~
キャキャ
キャキャ
観光客が入れない事態に
女がいるとローカルの男も寄って来る
いないほうがマシ…!!
余計ストレス
マジで使えない
スリランカ人の「使えない」がどんなレベルが思い知った

今度こそ

ニッサンカ~!!
どんな育て方したんだよ!!
親ならちゃんとしつけなさいよ!!
そもそもこの国にはしつけの概念がない(しつけてるの見たことない)
あの~~~オラのワイフのアッカ(ねえさん)が
ゲストハウスに出入りの大エワサンタ
家にいるので働けるか聞いてみるか?
また家に座ってる系か~~~…
どうせまたニッサンカの娘みたいな感じだろ~
はァ~
ずっとドバイに出稼ぎにいって家3軒建てた人だ
すぐ会いにいきます!!

受け答え

ワサンタん家↓
そこでワサンタと同じ敷地内にある
そのアッカ（ねえさん）の家へ
大工なのに家が途中…こっちだべ
いらっしゃい
色白
ぽっちゃり
これがチャンディ（名前）アッカ（ねえさん）
スリランカ的美人
あの〜〜カフェみたいな所で働いた経験ってあります？
どうも
ハキハキ
以前 アマヤホテルのバーで2年ほど
→5つ星ホテル
雇います!!
雇わせて下さい!!
返事が返ってくるなんて…
もう会話が普通にできるだけで感動…

満足のハードル

給料は月1万5千ルピー（約1万円弱）
行き帰りはワサンタのバイクで
ただしチップは全部もらっていいという条件で合意
ちょっとずつ覚えていけばいいから…
これはこのボタン
メモメモ
わかりました
これ片づけておきますね
テキパキ
おお…
さすが海外で働いていた人は違うね!!
言われなくても机拭けるんだ!!
サッサッ
ここでは普通のことができただけでカンゲキできます

第13話　停電問題

スリランカのシーギリヤでおいしいコーヒーが飲める店
カフェCUTE
Coffee
to go
for here
従業員も雇い
色白でふくよかなアッカはスリランカ人にモテモテ
軌道に乗ってきたところであったが
看板娘
しかし私は気づかされる
ハローー
OK
ワン エスプレッソ
重大な問題を見逃していたことに
フッ…
今頃思い出した…
フッ…
フッ…
フッ…
スリランカの電気事情…
また停電!!

青天の霹靂

スリランカでは電力が不安定で
毎日のように停電がある
ぱん… バーーイ
ああ… お客さんのがした
15分で戻ることもあれば
1時間 3時間 半日…
じり じり
それも昼間が多い
一日中のこともあれば
1週間続くことも
商売あがったり!!
ホテルだと昼間は人がいないので深刻さに気がつかなかった…
この事態は想定してなかった…日本人だし
負けた…

想像力の限界

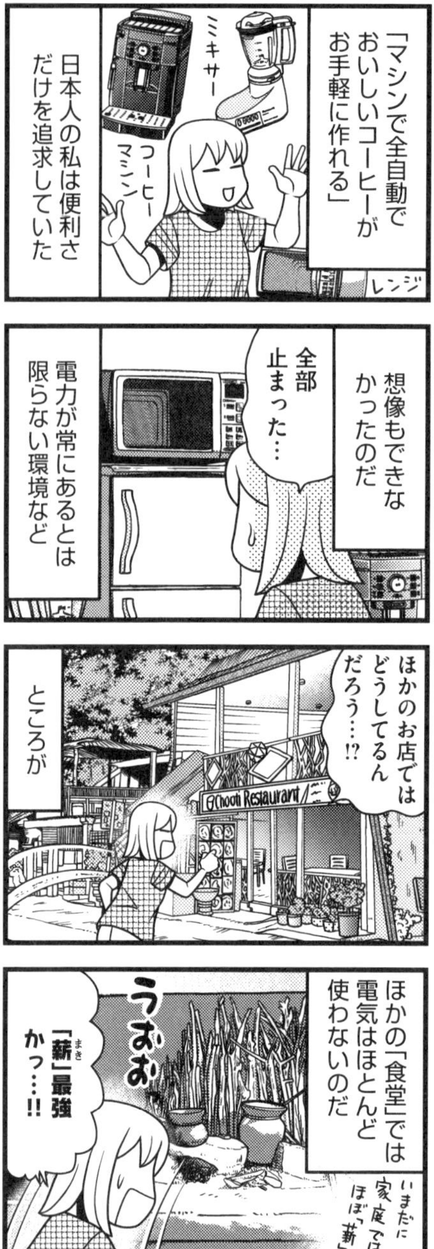
「マシンで全自動でおいしいコーヒーがお手軽に作れる」
日本人の私は便利さだけを追求していた
ミキサー
コーヒーマシン
レンジ
想像もできなかったのだ
電力が常にあるとは限らない環境など
全部止まった…
ほかのお店ではどうしてるんだろう…!?
ところが
Chooti Restaurant
ほかの「食堂」では電気はほとんど使わないのだ
うおお
「薪(まき)」最強かっ…!!
いまだに家庭ではほぼ「薪」

選択肢

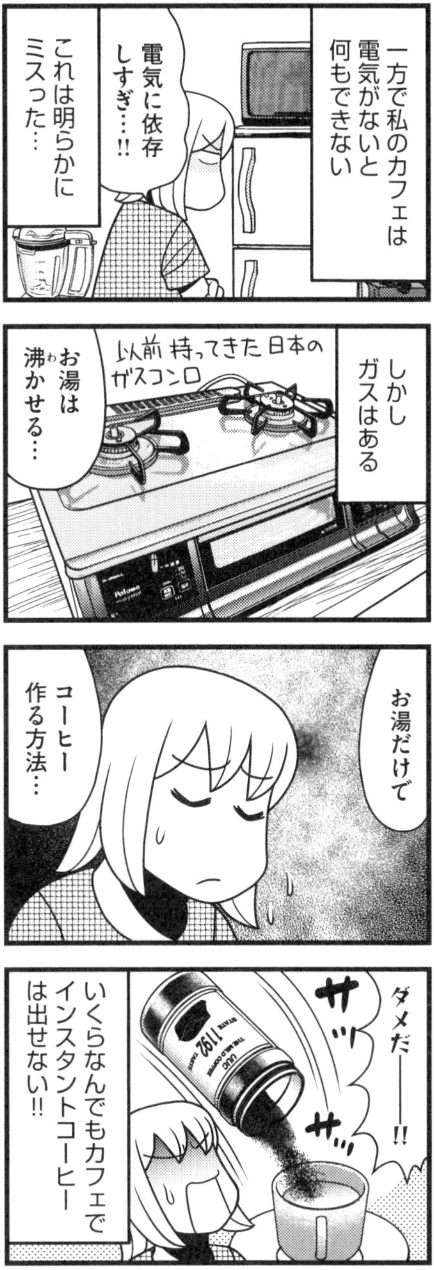

一方で私のカフェは電気がないと何もできない
電気に依存しすぎ…!!
これは明らかにミスった…
しかしガスはある
以前持ってきた日本のガスコンロ
お湯は沸かせる…
お湯だけで
コーヒー作る方法…
ダメだ——!!
サッ
サッ
いくらなんでもカフェでインスタントコーヒーは出せない!!

圧倒的資材不足

ほかには…ドリップコーヒー?
充分おいしい…?
これなら可能性はある…
しかしウチのコーヒーはすべて豆状態!!
ゴリ
ゴリ
豆から1杯ごとに挽いて淹れるマシンだし…
現地人風↗
豆を挽くには…?
ここでも日本人特有の誤算が!!
コーヒーミルを日本から送ってもらわないと…
ガラ!!
これは絶対必要!!
こんなのが多いけど…
アンティーク調!!
手動
しかも電動ではないやつを
ああっ!! 紙フィルターも売ってないんだった!!
フィルター受けもないから買わないと
全部日本から取り寄せないと

発見

しかもこの方法だと紙フィルターは消耗品なので
継続的に日本から送りつづけるしか…
1回送っただけでは済まない…
ということになる
う〜〜ん紙じゃないフィルターもあるみたいだけど
エスプレッソとドリップコーヒーは全然違うし…
ほかにいい方法はないものか…
日本にいるダンナ
調べたら
「パーコレーター」という方法があるらしい
えっ!?
何ソレ!?
コレだと「お湯」でエスプレッソができるんだって
知らなかった!!

伝統的方法

パーコレーター
直火式コーヒーメーカー
コレは主にアウトドアでコーヒーを飲むためのものらしい
チェックしてみたらいろんな種類がある!!
中でも有名でヨーロッパの家庭には必ずあるというのが
ビアレッティ直火式(じかびしき)エスプレッソメーカー
直火にかけてエスプレッソが作れるというのだ!!
このポットが!?
エスプレッソを!?
圧をかけて一気に抽出(ちゅうしゅつ)するコーヒーをどうやって?

驚愕のお手軽さ
このポットは分解すると3つのパーツに分かれている
サーバー
バスケット
ボイラー
まずボイラー部分に水を入れる
「ここまで」の線もしくは安全弁の下
その上にバスケットをセットして
ここに中挽き〜細挽きのコーヒー粉をすり切り1杯
粉は押さない
そして回しつけて直火
これだけでエスプレッソが!?
ホントに!?

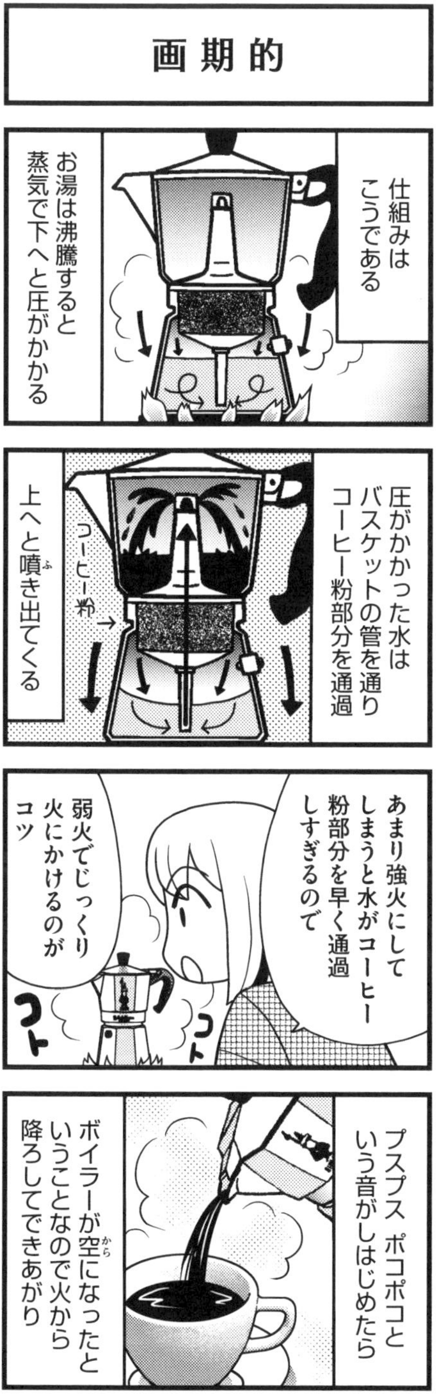
画期的
仕組みはこうである
お湯は沸騰すると蒸気で下へと圧がかかる
圧がかかった水はバスケットの管を通りコーヒー粉部分を通過
上へと噴き出てくる
コーヒー粉
あまり強火にしてしまうと水がコーヒー粉部分を早く通過しすぎるので
弱火でじっくり火にかけるのがコツ
コト
コト
プスプス ポコポコという音がしはじめたら
ボイラーが空になったということなので火から降ろしてできあがり

問題解決

そしてコレができあがり
1杯用
12杯用
3杯用
1杯分 60cc
1杯分ではほんのちょっとしかできないよね…
味は
うっ!!
すごい強い!!
(強い)サライ!!
ギャアー
苦い
最強エスプレッソ
これで停電でもお店が開ける…
日本から送ってもらった豆挽くやつとビアレッティ数個
ただしカプチーノはできない!!
あたためられない泡が立たない
ミルクこれで泡立ててみます？
ガスにかけてから
泡立て器
ムダな労働っぽい
それはやめて!!

モカ違い

ちなみにビアレッティで作ったコーヒーは
現地では「モカ」と呼ばれているらしい
ウチのカフェのメニューにも
カプチーノにココアと砂糖を加えた甘いコーヒー
Cafe mocha
日本のイメージ
チョコ風味
「カフェモカ」というドリンクがあるが
ヨーロッパ人は時々コレを頼んで
モカがある!!
Americano
Cappuccino
Cafe au lait
Cafe mocha
ワイワイ
Message
コレにする!!
コレじゃない…!!
ガーン
という顔をするんだけど
そういう事だったのか…
…と気づいたことを余談だが付け加えておく

もったいない
第14話 アパラーデ

CAFE CUTE
COFFEE breakfast
スリランカでカフェCUTE営業中
新しい従業員
私より年下だけどアッカ(姉さん)
通称「アッカ」は良くやってくれてる
いわなくてもお皿は洗うし接客もするし
美人だしで大人気
この人は当たりだったわ～
しみじみ
ホント助かる——
時々仕事すっぽかして
電話にも出ない!!
ばっくれてる
ああ…やっぱスリランカだ
次の日何ごともなかったように仕事にくるけど

有能

それでもアッカは優秀だ
テキ
パキ
ヒマがあったら掃除、整頓
ちゃんと働く人材(しかも女性)は
この地において何者にも代えがたい貴重なものなのだ
テキ
パキ
パチッ
えっ…
今なんでWi-Fi切ったの!?
←私の事
マダム
これがちょっとできるスリランカ人あるある

コスト意識

あのう…Wi-Fiがつながらなくなったんですけど…
終わりです
大丈夫終わりじゃないです!!
パチッ
どうぞごゆっくり
Wi-Fiは切らないで!!
でもあのお客はWi-Fi使いすぎ!!
そうだぞWi-Fiはタダじゃないんだ
ビジネスパートナーのニッサンカ↓
そうよ!!
マダム(もったいない)アパラーデ!!
出た出たスリランカ人のアパラーデ(もったいない)攻撃

感覚の差
そもそも英語には「もったいない」という言葉がないといわれるが
ここは逆
電気もつけ惜しみ
もったいない
ガソリンが…
タイヤが…
車も乗り惜しみ
シャンプーやせっけんまで買い惜しみ
2本も買うなんてもったいない
いずれ使うのに!?
でも食べ物類はバンバン捨て…
バサ～
日本人にはこっちの方が…
もったいない
サービスまでも「出し惜しみ」
Wi-Fiもったいない
お客が使えるように置いてるのに…
スリランカほど「もったいない」を多用する国も類を見ない
アパラーデあるある
「節約」は好きにすればいいけど
これなんだよ…
問題は
商売でサービスの「出し惜しみ」はジャマなだけでは
たとえばカフェでいうと…
コーヒーだけはアパラーデから死守したけど…
コーヒーと同様に人気の南国のフルーツで作るフレッシュジュース
このジュースが…
えっ何か変!?
完全にうすっ!!
砂糖水!?
だんだん薄くなる問題
ケーキのカットがだんだん小さくなる問題
これが50ルピー!?
前はこのぐらいだったのに…
などなど

日本人の場合

これが私がやると日本人である
おもしろいことにまるきり逆
フレッシュジュースはだんだん濃くなり
すごく美味しい!!
ケーキのカットはだんだん大きくなる
マダム
バナナ入れすぎもったいない
このぐらい入れたほうがもっとおいしくなるよ
アパラーデ!!
クオリティーは上がるが原価も上がる

ひとり相撲

思うに私に欠けているのは
自信
自分がキライ…顔も何もかも
自分に自信がないから材料を多めに入れてしまう
足りるかな?いやまだ足りない気がする…
しかもコミュ力は高くなく
どうですか?
ドキドキ
とか聞けやしない
それなのに人がどう思うかが気になる…
あっ半分残してる
何故…
やはり濃さが足りなかったか
ジュースはますます濃くなるスパイラル

ここのやり方
これではどっちもどっち…!?
とはいえクオリティーが保てる私のやり方がマシなのは明白…
待てよ
ところが
うすうす気づいてしまった
ハーイ
ハロー
どこから来たのー?
私のやり方は日本的
クオリティーを上げて常連客を増やしていく経営スタイルは
明日はキャンディに行くんだけど
それならバスがあるけどよかったら…
ここではほとんど効果がないのだと
うぬぼれ
一方で自信だけはあるのがスリランカ人
キリッ
美しいオレ…
自分の全てが大好き
自信があるから
OK OK～
人がどう思おうと平気
味見もしないし
しかもコミュ力は高く
グーッド?
グーグー
グー!!
相手もノリで返事しがちなので
ますます自信を持ち…
エッヘン!!
オレ最高!!
ジュースはますます薄くなるというわけだ

観光客商売

なぜなら
ここシーギリヤは世界遺産の一大観光地
お客さんは全員がツーリストで（しかも外国人）
オー
デリシャス
たとえコーヒーやジュースがおいしくても
またはまずくて
ノー…
Wi-Fiが切られて不愉快な思いをしても
どちらのケースも二度とくることはないのだ
おいしいもの出してもムダ？
こんな事って…
ジュースが薄くなろうとケーキが小さくなろうと誰も気がつくことはない

歩み寄り

この辺の人がコストカットに異常にこだわる理由…
ちょっとわかった気がする…
これは観光地ビジネスの究極進化の結果なのかも
だからWi-Fiは切って
ねっ
ジュースはもっと薄くしましょ!!
いやでも
それでも私はこう思う!!
お客さんかわいそうでしょ!!
今はネットのくちコミもあるから!!
異常なコストカットもクオリティーにこだわりすぎるのもやめて
バナナ3本!!
その方がおいしい!!
これで充分!!
バナナ半分!!
ほどほどの着地点を探ろうと思った今日この頃

第15話 国と文化の違い

普通の主婦が
スリランカでカフェCUTE営業中!!
きっかけは私がスリランカにきた時
はじめて旅した時も…
どこもかしこも甘〜〜ぃ紅茶しかない…
コーヒーを飲みたかったから!!
だからさりげなく日本テイスト出しつつ
日本人ウエルカム!!
この国白人優遇だから
アジア人もウエルカム!!
…な雰囲気を心がけています
…しかし
ハァ…
オープンしてわかった
日本人ってコーヒー飲まないのな
アジア人もな…
衝撃の事実…
みんな白人
アジア系は素通り
スー〜

日本人の懐事情

そう…うすうすは気づいていた
日本人は
お金がない!!
というのも私はもともと日本人向けゲストハウスをやっているわけで
ウォシュレット
電気ポット ティーセット
日本のエアコン
ミニ冷蔵庫
コイン式洗濯機
バスタブ
旅人視点でこだわった!!
そこも日本人の金銭感覚からすると…
1泊2千5百円ぐらいだけど…
日本人来ないなァ
少し高いと常々感じてた
でもこれ以上下げられないし
でもまさかコーヒー飲む余裕もないとは!!
コーヒー一杯(約150円)がもったいないんだよね
まあ…わからなくはないんだけど
私もビンボーだから

シビアな現実

それにお金より深刻な問題は…日本人
時間がない!!
時間がない日本人が圧倒的に利用するのが
2泊〜6泊ほどのツアーパックだ
バスで効率的に観光地を回る
そういうツアー客隣の象乗りオフィスによくくる
ゾロゾロ
象乗りがプログラムに入ってるツアーね
コーヒーは?
聞いてみて
いらないって
それよりチップ払うようにいってくれ!!
そういう人はまずコーヒーなど飲まない
↑日本人はチップも払わないのでコレを言われる

ゆとりなし

物価が安いのでこういうのもアリ
もっと時間のない人は全行程ハイヤーチャーターだ
オレの客日本人だよ
日本語ガイド ←
えっ!!
今シーギリヤロックに登ってる
お客が登ってる間お茶飲むガイド
じゃあ降りたらぜひコーヒーでも
さっき空港に到着したところでこれからキャンディいって夜中のフライトで帰るんで
じゃっ
予定が詰まってるんだ
一番短い人で0泊2日
コーヒー飲むヒマもない旅…
うう…つらい
楽しい…のか?
1泊2泊の人もザラ

雲泥の差

一方でヨーロッパ人
自分でトゥクトゥク運転したりして来てる
だいたい3週間以上の休暇できている
日本人が2時間から最長1泊で走り抜けるシーギリヤでも
最低でも数泊はするのが普通
しかも昼間に
のーんびり…
あの人毎日きてるけど…
日本人なサファリやマッサージってあちこち動き回るのに
今日もどこへもいかないのか!!
日本人ではありえないすごし方

欧州スタイル

なのでカフェの メインの客層は ヨーロッパ系
ハーイ
ハロー
どんな コーヒー？
マシン↓
豆↓
マシンは あるの？
水は？
氷は？
ザラッ
衛生面や味に こだわるが
チップも たくさんくれる
ハァ〜

イタリア流

イタリア人が
ワンエスプレッソ
ハイ
とくにこだわるのが エスプレッソ
ああっ ノーノー!!
ガ〜〜
多すぎ!!
エスプレッソの量は ここまで!!
エスプレッソ用の カップは 量の目安が書いてる
ここで 止めて!!
エスプレッソ用カップ だから上まで入れないと って思ってたけど
こんなにカップ 小さいから…
薄くなるの かな？
そういうことじゃ ないんだ
なかなか奥が深い

フランス流

フランス人は
キョロキョロ
ハロー
どうしました？
向こうの人にここならあるって聞いて
ずっと探してるの
カプチーノ
どうぞ
特別フワフワで
あぁっ
助かった!!
日本人好みのフワフワのカプチーノは…
アワ全部残してる…
本格派がいい
カプチーノにこだわる

ソウルフード

あとヨーロッパ人は
直火でコーヒーを淹れるポット
パーコレーターコーヒーが好きらしい
どこの家にもひとつはあるといわれるマキネッタは
有名なブランドのパーコレーター
いわば関西のタコ焼き器のごとし
だから
これで入れられる？
停電の時のためのマキネッタ
いいですよ
こういう注文はもちろん
どこで買ったの!?
コレ!!
必死
売ってくれない!?
これだけ買ってもコーヒー豆が手に入らないですよ…
こういう人も時々いる…

文化の違い

こんな感じで
の〜んびり…
総じてヨーロッパ人はおとなしく平和な印象
一方で中東(ちゅうとう)や
ドカドカドカ
大人数
インドの客もくるのだが
トースト!!
チャイ!!
キィ〜〜
子どもにミルクシェイク!!
全部メニューにない…
このスパイスティーマサラが入ってない!!
まけろ!!
コレ試食していい?
こちらは戦場状態に…

客層

考えてみれば
コーヒー文化はヨーロッパ圏がメイン
ひきかえてアジア圏はお茶がメイン
素通り
ガマン
ガマン
ああ…
しかも倹約家
中東圏はスパイスティーで注文がうるさい
マズい!!
こどもが飲めない
ディスカウントしろ!!
→よくこれを言われる
そんなワケで
もういいやメインは
ヨーロッパ人で…
と思う今日この頃…

第16話 勝手に変えるな!

こんにちは
スリランカでカフェをやってる主婦です
CAFE CUTE
経営はまあまあ順調
家賃と人件費が安いから
売り上げは1日5千ルピーもあれば十分かな
5000ルピー＝3000円弱ぐらい
もう現地人だけで十分やっていけると思うし
教える事は教えた!!
これなら私も帰国できそう!!
そう考えたのでいったん日本へ…
日本でも毎日情報チェックは欠かさないのだが
今日の売り上げはいくら?
ビジネスパートナーのニッサンカ←
8千ルピーだ
昨日の売り上げ1万2千ルピー
ええっ!!
今日は2万ルピー(1万1千円ぐらい)もあった
私がいた時の4倍…
どうやったらそんなに売り上げが?
(観光)シーズンだからだよーサチコ~
そ…そうなんだ?
それを聞いて私はこう思ったものです
なんか…せっかく大金使ってゲストハウス建てたのに…
バカらしい…
カフェのほうがずっともうかるなんて…

ゲストハウスなんかライバル多すぎだし売り上げ少ないし

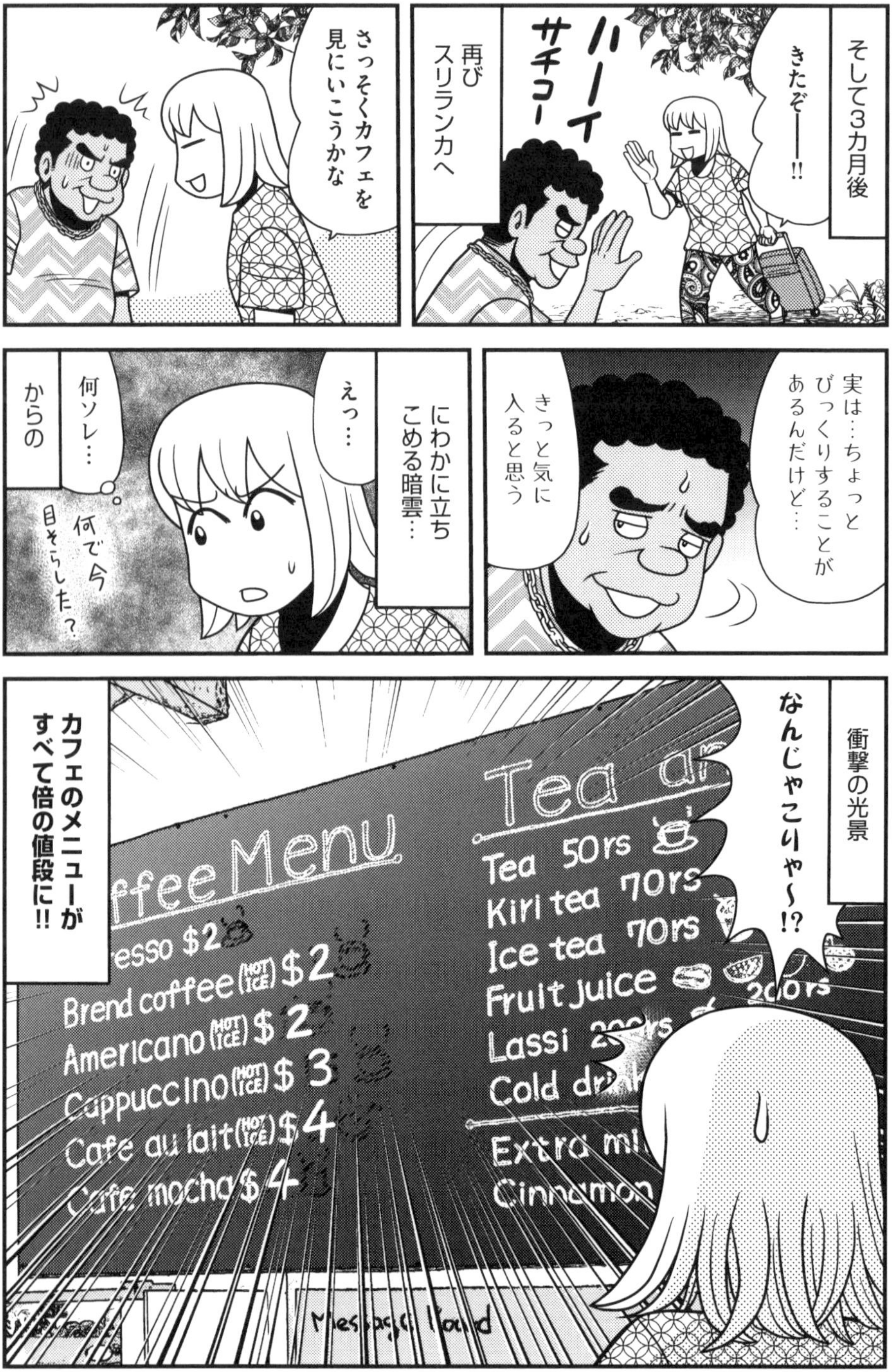
そして3カ月後
きたぞーーー!!
ハーイ サチコー
再び スリランカへ
さっそくカフェを 見にいこうかな
実は…ちょっと びっくりすることが あるんだけど…
きっと気に 入ると思う
にわかに立ち こめる暗雲…
えっ…
何ソレ…
からの
何で今 目そらした?
衝撃の光景
なんじゃこりゃ〜!?
カフェのメニューが すべて倍の値段に!!
ffee Menu
esso $2
Brend coffee (HOT ICE) $2
Americano (HOT ICE) $ 2
Cappuccino (HOT ICE) $ 3
Cafe au lait (HOT ICE) $ 4
Cafe mocha $ 4
Tea
Tea 50rs
Kiri tea 70rs
Ice tea 70rs
Fruit Juice
200rs
Lassi
Cold
Extra
Cinnamon
Message Board

裏切りに等しい

メニューボードはベニヤ板に黒板シートみたいなものを貼って
私が水性ペンで手書きをしたものだが
かわいいイラストも入れて
それがぬれ布巾で雑に消されて
勝手に!! イラストも!!
倍の値段を上書き!!
カフェオレが4ドル（540ルピー）!!
カレー一杯200ルピーとして
カレーが2杯半食べられる値段!!
まずオーナーである私に相談するのがスジであろうに…
ニッサンカ〜!!
カン
カン
カン
もう怒り心頭

タレ込み

ニッサンカのいい分はこう
いや値段は先日書き換えたんだけど
ヘラ
ヘラ
うっかり
いいそびれてただけなんだ
マダム
お店の従業員のアッカ
値段は先日書き換えられたんじゃないです
こっそり…
マダムが帰ってすぐに書き換えました
ニッサンカ〜〜〜!!
もっと
カン
カン
カン
そりゃあ売り上げも1日2万ルピーとかいくハズである

ああいえばこういう

次のいい分はこうである
だってウチのコーヒーは本物なんだ!!
1ドルなんかじゃ安すぎる!!
ゆかりもしないのに…
みんなが1ドルじゃ安すぎるっていってる!!
ハアーーー!?
これは見解の相違になるかもしれないが
くつろげる店内
ちゃんとした設備
私の考える2ドルのカフェとはこう
スタバまでとはいかなくても
屋根しかない露地で出すような所のコーヒーが2ドルだったら
これは日本人の感覚かも…
ハァ!? ふざけんな
って感じなのだ

苦しいいいわけ

まわりのウワサによると
おたくのカフェいったウチの客だけど
あそこは高いってさ
もう いかないってさ
ニヤ
ニヤ
値段の割に…って
案の定こういう評判が…
どうなんだよ!?
でも友達が…
ウチは安すぎるもっと値段上げるべきだっていうから!!
マジか…
スリランカ人は客の評判より友達や周りの意見のほうが大事らしい…

秘密の約束

実は同じ並びの
ニッサンカと仲の良い
飲食店の女店主が
ウチはカプセル
コーヒー500ルピー
なんだから
ポンと入れるタイプの
180ルピー
（1ドル）で
コーヒー出され
たら困るのよ
そうずっと
いってたのだが
いいたいことは
わかるけど
その値段のほうが
ぼったくりすぎ
カプセルコーヒーで!!
500ルピーって!!
私は聞く耳を
持っていなかった
その人との間で
どうも密約が
あったらしい
サチコが帰国
したら値段
変えるからさ
それまで大目に見てくれよ〜
頼むわよ
だから上げたんだな!?
そういう事か〜
イヤ〜
おもな理由は
コレっぽい

女には甘いのな

揺らぐ信頼

そもそもニッサンカと
私はビジネスパートナー
ふたりでイチからゲスト
ハウスを建てた仲だ
もちろん今まで
数えきれないほど
衝突して
ここは
スリランカだ
クソくらえだ!!
うるせー
ペンキぐらい
ちゃんと塗れ
オレのヤリ方でやる!!
殴り合いすらも
時々あった
その分 今では
お互いのことは
良くわかってる
ハァ
ハァ
ハァ
ハァ
人間がまったく信用できない
この国で唯一私が信用
している人物である
そいつが
コレやるか〜〜〜!?
私より
近所の人との
約束を
優先し〜!?
もう二度と…この国では
油断は禁物

いつもいつもこのくり返し

感覚の相違

要するにこれがこの国のビジネス観なのだ
もちろん私も素人なのでえらそうなことはいえないものの
120円が適正価格だとすると…
120円
200円
これを(観光客に)200円で売るのが現地人感覚
簡単にもうかるが客数は減ると予想
ずっと座ってスマホいじっておしゃべりしていたい
ラクしてもうけて でもヒマでいたい!!
しかし客が減ってもヒマになるからそれはそれでラッキーと思っている
ちなみに120円のものを100円や90円で売るのが私の日本人的商売感覚
薄利多売
とにかくいっぱい売って忙しく!!
どっちもどっちのような感じだが私の怒る気持ちわかっていただけるだろうか

妥協案

そんな日本人的な私には
今回の仕打ちは忘れないからな!!
ジーッ
ソーッ
この値段設定はムリ!!
というわけで
Fruit juice
Lassi 200rs
Cold drinks
Extra milk,
何で来た早々こんな目に…
さっそく書き直し
こうじゃー!!
Coffee Menu
Espresso 250 RS
Brend coffee (HOT ICE) 200 RS
Americano (HOT ICE) 250 RS
Cappuccino (HOT ICE) 300 RS
Cafe au lait (HOT ICE) 350 RS
Cafe mocha 400 RS
せっかくのドルでのポッキリ表記が台ナシ…
あ~あ イラストも消されちゃったし美しくない…
少し現地人の顔を立てて値上げしたのだった…

250Rs(ルピー)=約130円

第17話 チーズケーキを作ろう

スリランカの片隅 シーギリヤにある カフェCUTE
CUTE
COFFEE Breakfast Set
Coffee JUICE to go
おいしいコーヒー 出してます!!(当地比)
ただ最近の 悩みは
1ピース 50ルピー (約30円)
ケーキ
ケーキはローカルの ケーキショップから 買ってきたものを
甘すぎる…
クリームが はさまった やつもあるけど 甘すぎてブー
ただのスポンジ だというのに
切って出して いるのだけど
この辺の ケーキと きたら…
ホントはおいしいコーヒーに 見合うおいしいケーキを 出すオシャレなカフェに憧れる
でもなァ
家事力ゼロの私が ケーキを焼くなんて とてもとても…
そんな時である
サチコ――
ビジネスパートナーの ニッサンカ↓
ちょっとウワサで 聞いたんだけど
この世界の どこかには コーヒーに合う
すごく珍しい ケーキがあるらしい
ええっ!?
何だろう それは
なんて いったっけな たしか…

…チーズケーキ
そう!! チーズケーキだ!!
定番中の定番だった
アホか――――!!
チーズケーキすら ウワサでしか知らないという この世界軸にて
1
そう…この国には チーズケーキがまだ ないのである
そもそも「チーズ」や「生クリーム」なども 見たことない上に
2
コーヒーや紅茶に 入れるのに「粉ミルク」 ではなく
一流のホテルだって実は粉ミルク
「牛乳」を使うのすら 5つ星ホテルレベルの 贅沢なのである
ウチは牛乳
3
だからチーズケーキ などカフェで出したら 相当画期的だと思うが
外資系のカフェでしか ありえない
…でそのチーズ ケーキって…どこで 仕入れるの？
4
たぶん… コロンボ（都心）の どこかで買えるかと
ふ――っ
だよね… そのレベルだよね
この時はこういう感じで いったんウヤムヤに

夢をかなえる

そんな出来事に新たな展開があったのは
ガヤーンって覚えてるか?
私が日本に帰国中のこと
ガヤーンとは知り合いのファミリーで
都心の5つ星ホテルでスーシェフ(ナンバー2)をやっているのだが
5つ星ホテルのスーシェフはかなりすごい
妻子(さいし)がシーギリヤ在住なので休みの日はシーギリヤにいるのだ
ガヤーンが帰ってたんで話聞いてみたんだけど
チーズケーキ?知ってるよ
私服
材料そろえてくれたら作ってあげようか
だって
チーズケーキが実現するかもしれない!!

気の長い話

一応材料のリストももらったから
買ってこようか?
買えそう?
デヒ(レモン)とタマゴとバニラエッセンスは買える…
この辺で手に入らないものは…生クリームとクリームチーズ…
→肝心要のものがない…
あとハンドミキサーとオーブンとケーキパンもないな
ほとんどがない…
とりあえず空港にいく友達にクリームチーズとやらを探してもらう
道のり長そう…
ああ はるかなるチーズケーキよ…

忘れた頃の
とにかく段取り概念のないスリランカ人のこと
クリームチーズって何?
ないよー そんなの
もっとよく探せ～
準備にも長～い時間がかかり…
2カ月後
いよいよ作るぞーサチコー
ガヤーンが今シギリヤにいるんだ
え
何を!?
もうすっかり忘れている→
材料は全部そろえたぞー
クリームチーズとか
それ賞味期限大丈夫だよね…
オーブンとケーキパンはベーカリーショップのを使わせてもらう
ハンドミキサーも借りてきた
なんか大ごとになってきた…

大イベント化
そして5つ星ホテルのスーシェフとそのアシスタントたち
見学兼見習いとしてニッサンカの娘と
娘小
娘大
見物人達
次から自分たちで作れるように!!
ニッサンカが参加
実に壮大なイベントである
ベーカリーショップ貸し切って
チーズケーキ作るだけなんだけど
できたー!!
えーーっ!?
なんでそんなに大量に作った

高い実験
初のチーズケーキ実験で
あの業務用ケーキパン使ったのか～
作ったケーキは100人分
材料費は5千ルピー以上かかった
約3000円←
たっか!!
ひぃっ
私のお金だと思って!!
5000ルピーって10日間ぐらい暮らせる額!!
しかもケーキって1～2日ぐらいしか持たないでしょ!!
作りすぎ!!
どうすんの100人分!?
冷蔵庫に入れて数週間は持つからOK
だって
いつもカレーは数時間で捨てるじゃん…
ホントかなソレ…
初めての味
巨大チーズケーキを小分けにするとこんな感じ…
なんかゴージャス感がないよなァ…
四角く切ると
味はどう？
新しいものは断固拒否の現地人…
キンチョー!!
よし…!! 俺が食べる
果たして人生初チーズケーキの味とは
マジで食わないのに何故100人分焼いた…
す…酸っぱい!!
うう
ギャら
ヒィィィ
えっ…酸っぱいだと!?
だがうまい!!
コレはコーヒーに合うぞ――サチコー!!
おメガネにかなったようだ
ラサイー
（美味しい）

新メニュー
どうだ？うまいだろう
カフェのメニューに加えるか？
…作れるの？
材料は買えるってわかったし
手順はカンペキ!!
……
そうか〜…
というわけで
自家製チーズケーキ始めます!!
Cheese Cake Available
シギリヤでチーズケーキ出すのはウチだけ!!

合格ライン
3週間後
チーズケーキ
残ってる？
再びスリランカにきた私
まだ…食べられるの？
ちょっとデロッとしてないって、
大丈夫
昨日も客に出したところだ
おい…
古いのは出すなよ…自分らは食べないくせに
それは…
酸っぱい!!
(レモン多め)
甘い!!
(砂糖多め)
チーズ感薄っ
(チーズ超ケチってる)
しかし…これは確かに
チーズの息吹を遠くに感じる!!
チーズケーキだ!!
さすが5つ星スーシェフ
チーズケーキのない国でチーズケーキを錬成

第18話 チーズケーキはカンタン？

スリランカのカフェCUTE
自家製チーズケーキを出してみよう計画進行中
1回目は5つ星ホテルスーシェフの腕により
バカでか チーズケーキ
見事に100人前成功
←スーシェフのガヤーン
レシピはあるんだけど
これを再現できるかなんだよ
任せとけ!!
ハタチ過ぎて1日中家で座ってる娘→
これからはウチの娘が焼く!!
大丈夫かなァ…
特に上の娘…信用できない
この前シェフが焼くの見てたから大丈夫!!
それはどうかな…
しかしまァ
1回出来栄えを見るのもいいかもしれない
food city
そう思い材料リストを手にタウンのスーパーへ

前回現地人に買い物を任せた時は見つからなかった材料が
なんだ一応あるじゃん…
知らなすぎて見つけることも難しいというだけのようだった
でも高い!!
クリームチーズ 1kg 2500ルピー (約1400円)
生クリーム1ℓ 2500ルピー (約1400円)
Fresh Cream
CREAM CHEESE
カレー1食 200ルピー (約110円)
生クリームを1ℓとクリームチーズを1kg…ビスケット大袋…砂糖1kg…
え?
まさか最初から100人分作るつもり!?
失敗するかもしれないでしょ!!
まずは小さいの焼いてよ
わかった…いっておく
でもその後どんどん焼くだろうから材料は買っておこう
私のお金で
Plain Flour
Cookies
というわけで…
7000ルピーぐらい
どっさり…
ハイこれが型
日本から買ってきた
最初だしこれで焼いて
前回甘すぎたから砂糖を半分にして
わかった
確実を期すために書き取って
クリームチーズは多めでレモン汁は減らして
そしてできたのが…

コレである
デロ
うわあ〜〜〜〜〜!!
大失敗…
固まってない…
ワナワナワナ
というかそれより
私いったよね!?
何でいきなり100人分作った!?
最初は様子見てっていったよね!?
それが娘が…
ノートつけてるのに失敗なんかするわけないジャン
何回も焼くのバカらしいシー
10分の1の材料計算めんどいモーン
止めろや!!
私の7千ルピーが一瞬でパー!!
ドボボボ

たりないのは敬意

だから私は常々いっているのだ
アタマが痛い…
いつものパターン来た
ここの一番の問題は「人間」であると
ノートつけてたからラクショー♡
見てたからできるっショー
完全にできないヤツあるある
クネクネ
プリ…
つまりなめている
シェフや材料費出した私にも
失礼!!
ムダになった食材などにも…
あらゆる方面!!
ノートつけたぐらいでできるようになったら
クワッ!!
全員シェフやパティシエだわ!!

あがき

デカいのに切ることもできないし…
ドロドロで
ドロ〜〜
どうする?
待てよ!?
思い出した!!
これ冷蔵庫に入れて固めるやつかも!?
そーかなぁー?
レアチーズじゃないよね
パタン…
そうだぞ前も冷蔵庫に入れてたし…
結果
5時間後
ドロ〜〜
ダメじゃん!!
固まんね——

いっさい指示聞かず

そうだ!! 冷凍庫のほうに入れよう!!
もっと小分けにして…と
それもうケーキやない…アイスや!!
…もう絶対お客には出せないけど
一応味見だけはしといてやるか
あっ…!!
…まあ〜〜〜
ゾワワ〜〜
砂糖は半分でっていったのに!!

やっかいな性質

小さいケーキを焼けといえば
100人分焼く
砂糖を半分にしてといえば
倍…もしかしたら3倍も入れる
無能といえばあまりにも
いったことと反対のことをわざわざやる
ここではよくあるそういう事
コレもスリランカあるある
一種のイヤがらせ…!?
いんけん〜〜
ありえる…
責任感がまったくないとここまで振り切れるのかも

まれに見るクオリティー
何よりも食べ物がムダになるのがつらい
これは人間にはムリだ…
べしゃっ
せめて犬にでも食べさせよう
クン
クン
クン
クン
クン
犬またぎケーキ
クンクーン
クン
サーッ
犬まで…!?
魚にあげるにも川を汚染するし…
もう二度と…二度と!!
おまえの娘には何もさせぬ!!
信じられるのは自分のみ
しかし今回のことは私にも反省するべき点がある
つまり大事な試作を
現地人に好きにやらせたのが悪かったのだ…
この地では何事も決して現地人のみに任せるべからず
はァ〜
ガヤーンがうまく作ったから油断した
やはり自分で作るしか…
栗原●る●のカンタン!! チーズケーキレシピ
検索…
かくして人生初ケーキ作りに挑戦
よし!!
自分で!!
これを作る!!
スリランカで

第19話 ようやく完成!

チーズケーキのない世界線でチーズケーキを錬成しよう計画
CAFE CUTE
Coffee JUICE To go For Here
5つ星シェフの試作品は成功したものの
チーズ感が少なくすごく酸っぱい(レモン汁)
味は工夫が必要
そのレシピをもとに現地人が作ったものが大失敗!! しかも100人分
ドロ〜〜
許せん…!!
ギリギリ
大金をドブに捨てるハメに
検索
検索
もう現地人をアテにするもんか!!
とうとう自らケーキ作りに乗り出すことに…
初めてのお菓子作り IN スリランカ
よしこれだ!!
栗ののるののカンタン!!
チーズケーキ

カンタンレシピ

このチーズケーキは材料を混ぜ合わせるだけでできるらしい
いいぞ!!
初心者でもカンタン!!
そろえる材料もこれだけ
バター
BUTTER
タマゴ
レモン
ビスケット
生クリーム
FRESH CREAM
クリームチーズ
Anchor
CREAM CHEESE
ミルク
薄力粉
砂糖
現地レシピと買う物はほぼ一緒だな
使う道具は
ハンドミキサー
ゴムべら
粉ふるい
底が外せるケーキ型
スケール
日本からひととおり持ってきてるよ
しかも日本の電子レンジも持ってた(以前運んでた)ので
スチームオーブンレンジ
ついにこれに日の目が…!!
パン屋のオーブンを借りなくても焼ける

レストランで使う予定だった

注意点

いざ実戦に際しては
ちゃんと見てて
ニッサンカ
メモも取って
あとで作ってもらうからね
アッカ
まずビスケットをミキサーにかけ…
この部分
ギュッ
ギュッ
室温に戻したバターと混ぜてケーキ型の底に敷く
押し固める
次に室温に戻したクリームチーズを
ガァァ
ハンドミキサーで混ぜる
私は思った
この「室温に戻す」とか現地人サボリそう…
冷たいと固いから
フム フム
必ず室温だよ!!
強くいい含める
Cafe au lait $
Cafe mocha $

まあムダだろうけど

工　程

クリームチーズをハンドミキサーで練りつつ そこに
タマゴと砂糖を加えていく
なめらかになったらさらに生クリーム投入
もったりするまで混ぜてレモン汁追加
もったー〜
ムルムルムルムル
最後に薄力粉をふるい入れ
ふるい入れる!!
ザックリ
ゴムべら!!
ゴムべらでザックリ混ぜる
それをビスケットを敷いた型に流し入れ
ポコポコッ
アワ
空気抜きをして下準備完了
バンッ

型ごと落として空気を逃がす

不安材料

「室温に戻す」
要注意ポイントだぞ
「ふるい入れる」「ゴムべらでザックリ混ぜる」
いかにも現地人が省いてラクしそうな手順のオンパレード
下準備したものを
予熱!! これも要注意!!
170℃に予熱したオーブンに入れて
40〜50分
ブワ〜
ドキィ
うわ――膨らみすぎだ
しかしオーブンから出すと…
ホッ…
ペしゃっ
すぐに元どおり

本物の味

しばらく冷まして型から抜き
キレイ…!!
切ったものがコレである
全工程でも1時間とちょっと
ホントに意外とカンタンだった…
実食
何これ…うまっ!?
スーシェフのチーズケーキよりうまっ!!
まんま お店で食べるあの味

食わず嫌い

現地人にも勧めてみる
エパー
(イヤだ〜)
エパー
一回ぐらい食べれば…
作る側なのに
本当に保守的(?)で食べようとしない
こういうところやぞ!!
あかんのは
手を抜いて味が変わっても気付けない←
だから本質がわからず手を抜くようになるのだ
ニッサンカは食え!!
オーナーだし
うう…
おそるおそる…
ひとくちだけ…
何がそんなにイヤなんだ?
これはっ…
バク
バク
ホラ見ろ
すげーうまい!!
スリランカ人もびっくりのうまさ

馬の耳に念仏（推定）

工程はカンタン
気をつけるのは
「室温に戻す」や「粉をふるい入れる」など
わからないなりに一応教える
一見さりげないひと手間を省かないように!!
もちろん分量も守る事
忠実にレシピどおり作ればまず失敗しない
アッカも
わーっ
スゴイ!!
ニッサン力も成功
逆に前回どうやって100人分を失敗させたか知りたいものだ…
ギリ…
よっぽどひどいセオリームシしたとしか…

原価計算

これでカフェにチーズケーキを出せるメドがついた
ただひとつ問題が…値段である
今までケーキは50ルピーで売ってきたけど（約30円）
このケーキは1切れ50ルピーとかで売るのは無理
大きいし
えーとクリームチーズが200g 500ルピー
それとビスケットとバターと…
生クリームが200ccで500ルピー
その他もろもろで1台1200ルピーほどの材料費がかかっている計算だ
となると
1200ルピーを8で割ると1つ150ルピー
それも電気代や手間賃抜きで
最低でもそれ以上で売らないとモトが取れない計算

思い切った値段

とはいえ
おいしいものを作るにはいい材料を使わないといけないのだ
最初の5つ星シェフの試作品のチーズ感の薄さは
一応チーズケーキではあったが
チーズをケチってるからにほかならない
なぜケチるか?
それは味を知らない者が作ってるから!!
本質を学ばずおろそかにしている
一方私は味を知っているから質を落とせない
売るしかない
絶対材料の方はケチれない
…300ルピーで!!

どっちもどっち

ケーキがひとつ300ルピー
(スリランカでは)思い切った値段だ
売れるだろうか
不安
↑約170円
この味なら500ルピーでも売れる!!
500ルピーにしよう!!
相変わらず現金な現地人…
うーむ…
よし決めた!!
…やっぱ250ルピーでいいかな…
いいものを少しでもお安く…
なんでだサチコ――!!
しょせんフツーのチーズケーキ…
そして自信がなく自己評価の低い日本人…商売に向いてるのはどっち!?

第20話 新メニュー

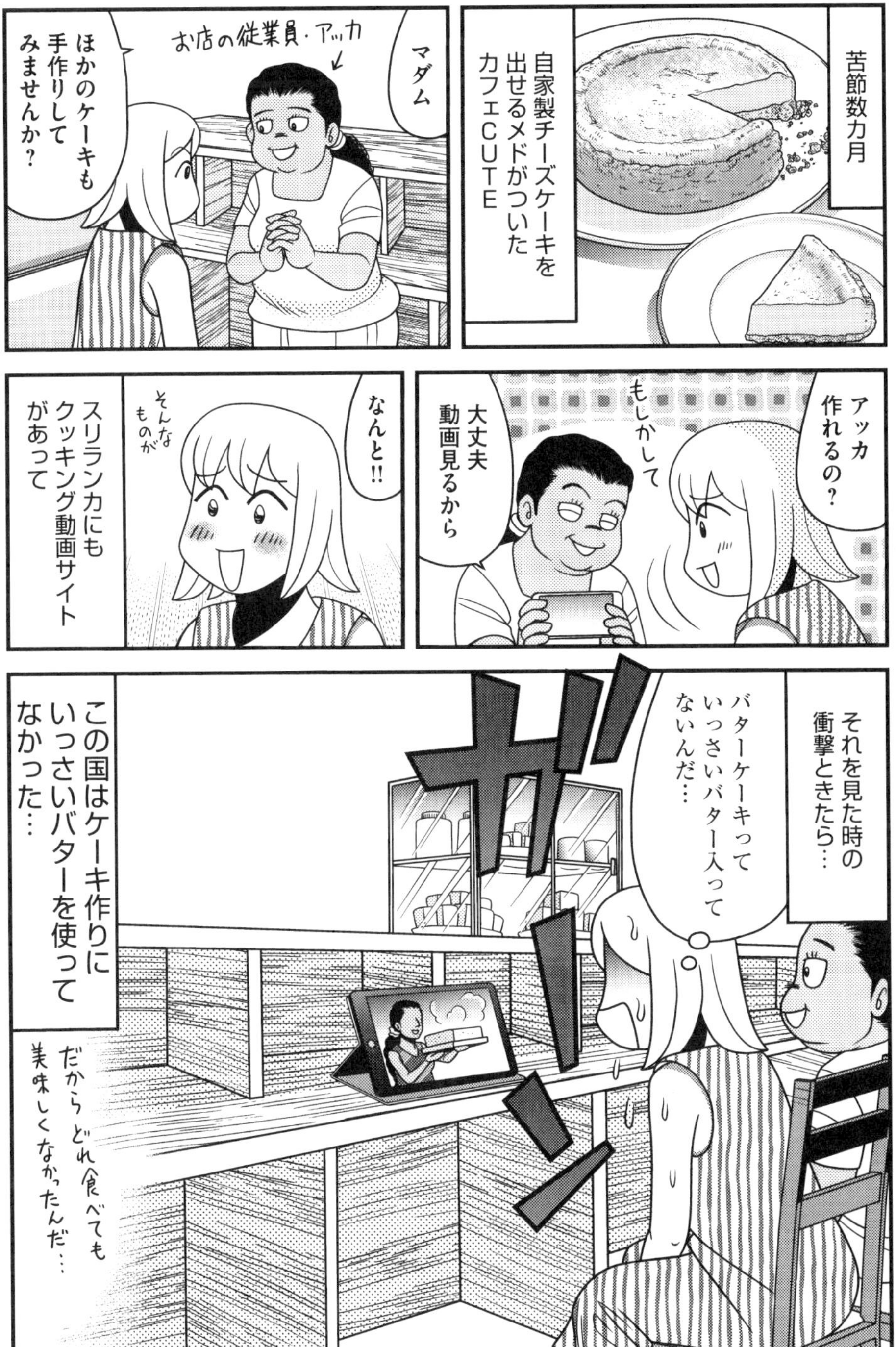
苦節数カ月
自家製チーズケーキを出せるメドがついたカフェCUTE
マダム
お店の従業員・アッカ
ほかのケーキも手作りしてみませんか?
アッカ作れるの?
もしかして
大丈夫動画見るから
なんと!!
そんなものが
スリランカにもクッキング動画サイトがあって
それを見た時の衝撃ときたら…
バターケーキっていっさいバター入ってないんだ…
ガ
この国はケーキ作りにいっさいバターを使ってなかった…
だからどれ食べても美味しくなかったんだ…

ローカルレシピ

動画によると使うのは
まず大量のマーガリン
プ～～ン
マーガリンはこんなでっかい容器で常備
Margarine
↑すごくくさい…
生地に飽和してジャリジャリになるほど
大量の砂糖
バニラエッセンスも大量投入
ジャバッ
またくさくなる!!
みりんか醤油みたいな量!?
結果できるのがおなじみ
ベチャッとしてくさくてジャリジャリとくそ甘いローカルケーキ
色んなニオイ→
プ～～ン…
そして四角い

推 測

日本はマーガリンじゃなくバターを使うし
日本のケーキレシピ↓
砂糖の量も半分から3分の1なのになぜ…
調べてみたところマーガリンはバターの代用になり
200g 400～600 RS
Butter
200g 100～300 RS
Margarine
これが理由か…
バターより圧倒的に安い
マーガリンだと大容器も←買えるし…
5キロとか…
Margarine
次に砂糖の大量投入だが
甘いものが好きだから?
甘ければ甘いほど良いとか?
実は…
なんと砂糖は入れれば入れるほど膨らむんだそうな
砂糖の量
半分
1倍
1.5倍
ケーキ作らないから知らなかった
そうなんだ…
つまりカサ増し!!
ここは日本は2倍～

進化(退化?)

うーむ…
ケチってマーガリン
ふくらませてカサ増し
バニラエッセンスでニオイをカバー
つまりこのスリランカのナゾのジャリジャリケーキはコストカットのたまもの
ここの独特の「アパラーデ」文化が
(もったいない)
バター使うのアパラーデ
小さいとアパラーデ
ニオイはキツければキツいほどトク
おいしさを捨て安く大量に作るほうに振れたらしい
えーとまずはマーガリンを300g…
待ってアッカ!!
マーガリンの代わりにバターにして!!
アパラーデ…
えっ…
一方私が欲しいのはおいしさだった
多分お客も

日本流

そこで私が日本の動画レシピをチェックしつつ指示
バ・タ・ーを200g
薄力粉はそのままの量
砂糖は…日本は100gとなってるから100にして
こっちでは300gだけど
バニラエッセンスは入れないで!!
膨らんだかな
ワク ワク
それで作ったバターケーキが
コレである
フワ〜
まるい型

大成功
バターを使うと香りが劇的にチェンジ
いい香り〜〜〜
ビジネスパートナーのニッサンカ
↓
バニラエッセンスがジャマしないのも良い
砂糖を減らしたので膨らみはどうかな…
切ってみると
ちょっと硬いけど
これは砂糖が粘度を高めて気泡をしっかり作るからで砂糖を減らすと粘度は下がる
中のねっとりとした感じは抑えられふんわりしている
おいしいー!!
風味がすごい
わかるんだ
砂糖を控えたことでバターの風味も効いている
アレンジ
そしてこのバターケーキをベースに
バナナケーキも焼いてみますかマダム?
やろうやろう!!
スリランカは南国フルーツがおいしい国
シーニーケセル（甘い）
アンブッラケセル（すっぱい）
コーリクック（大きい）
ラトケセル（赤い）
とくにバナナは安くて種類も豊富でおいしいのだ
これを食べ慣れると日本でバナナは買えない…
コレを3本ほどミキサーにかけて
ドロ〜
ガー
生地と混ぜて
焼くだけ
チーン
おお——っ!!
↑上にバナナかざった

パーフェクト

これを食べてみると
うん!!
香料とか入れてないのに
信じられんぐらいバナナ!!
うまい!!
うまいぞサチコ~~~
この味はスリランカならでは
バナナ本来の甘みで砂糖ももっと減らせそう
元のバナナがおいしくなければこの味は出ない!!
すごいよこのバナナケーキ!!
アッカを立てる
アッカ天才!!
(もったいない)
ちょっとアパラーデをやめただけでこのクオリティー

問題発生

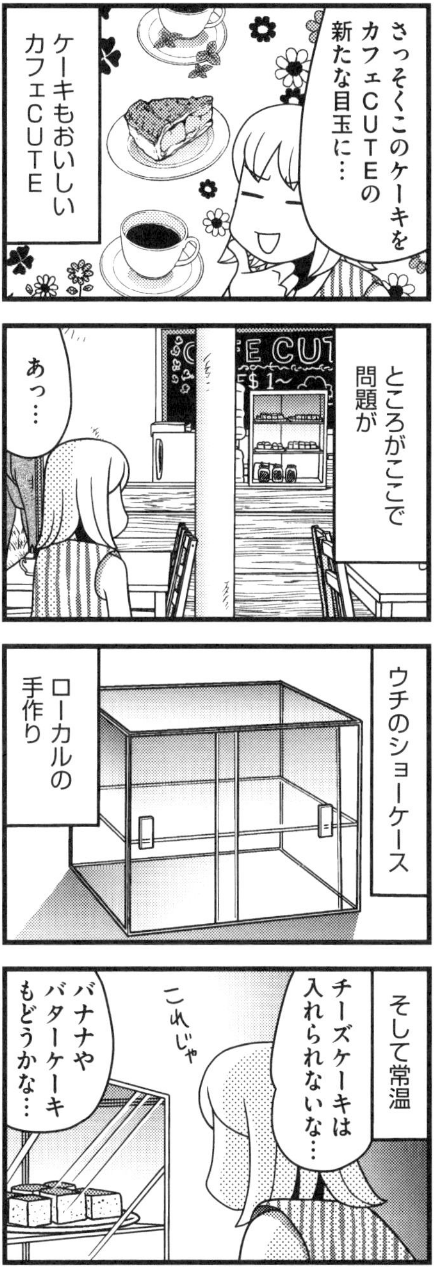
さっそくこのケーキをカフェCUTEの新たな目玉に…
ケーキもおいしいカフェCUTE
ところがここで問題が
あっ…
ウチのショーケース
ローカルの手作り
そして常温
チーズケーキは入れられないな…
これじゃ
バナナやバターケーキもどうかな…

逆風

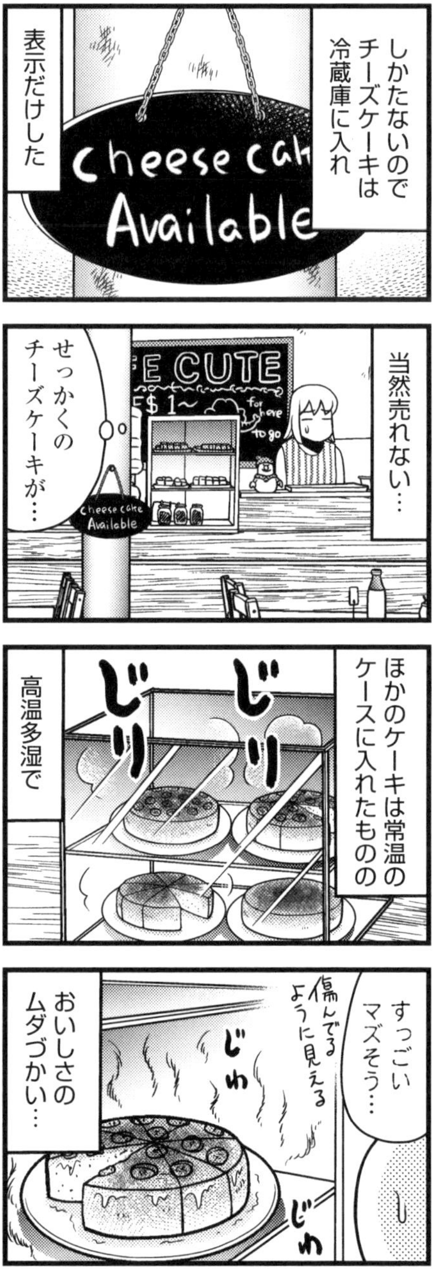
しかたないので
チーズケーキは
冷蔵庫に入れ
表示だけした
Cheese cak
Available
当然売れない…
E CUTE
E$ 1~
for here
To go
Cheese cake
Available
せっかくの
チーズケーキが…
ほかのケーキは常温の
ケースに入れたものの
じり
じり
高温多湿で
すっごい
マズそう…
傷んでる
ように見える
じゅ
おいしさの
ムダづかい…
じゅ

マイナスの援軍

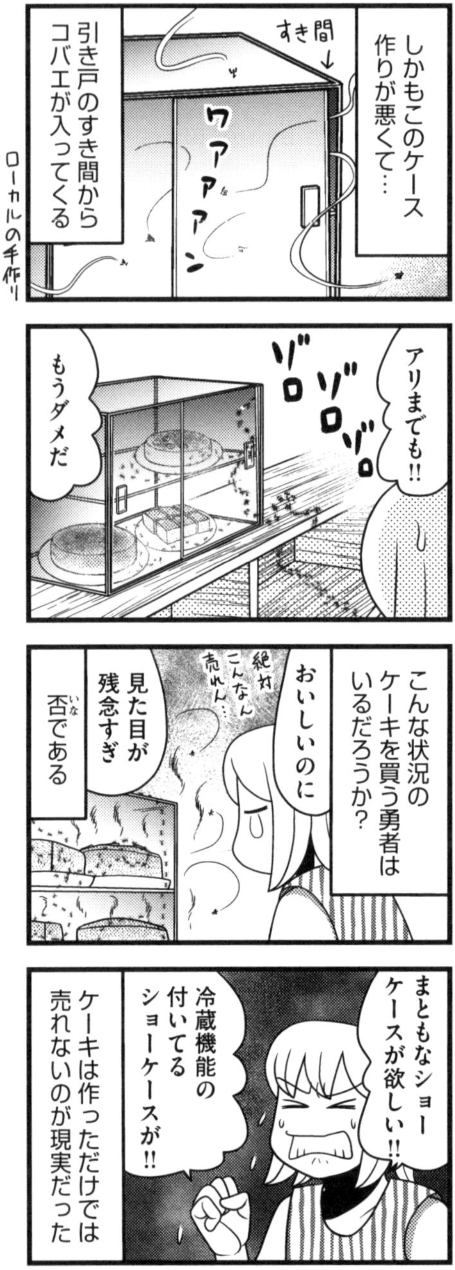
しかもこのケース
作りが悪くて…
すき間
ワアアアン
引き戸のすき間から
コバエが入ってくる
ローカルの手作り
アリまでも!!
ゾロゾロゾロ
もうダメだ
こんな状況の
ケーキを買う勇者は
いるだろうか?
おいしいのに
絶対こんなん売れん…
見た目が
残念すぎ
否(いな)である
まともなショーケースが欲しい!!
冷蔵機能の
付いてる
ショーケースが!!
ケーキは作っただけでは
売れないのが現実だった

第21話 冷蔵ケースが欲しい

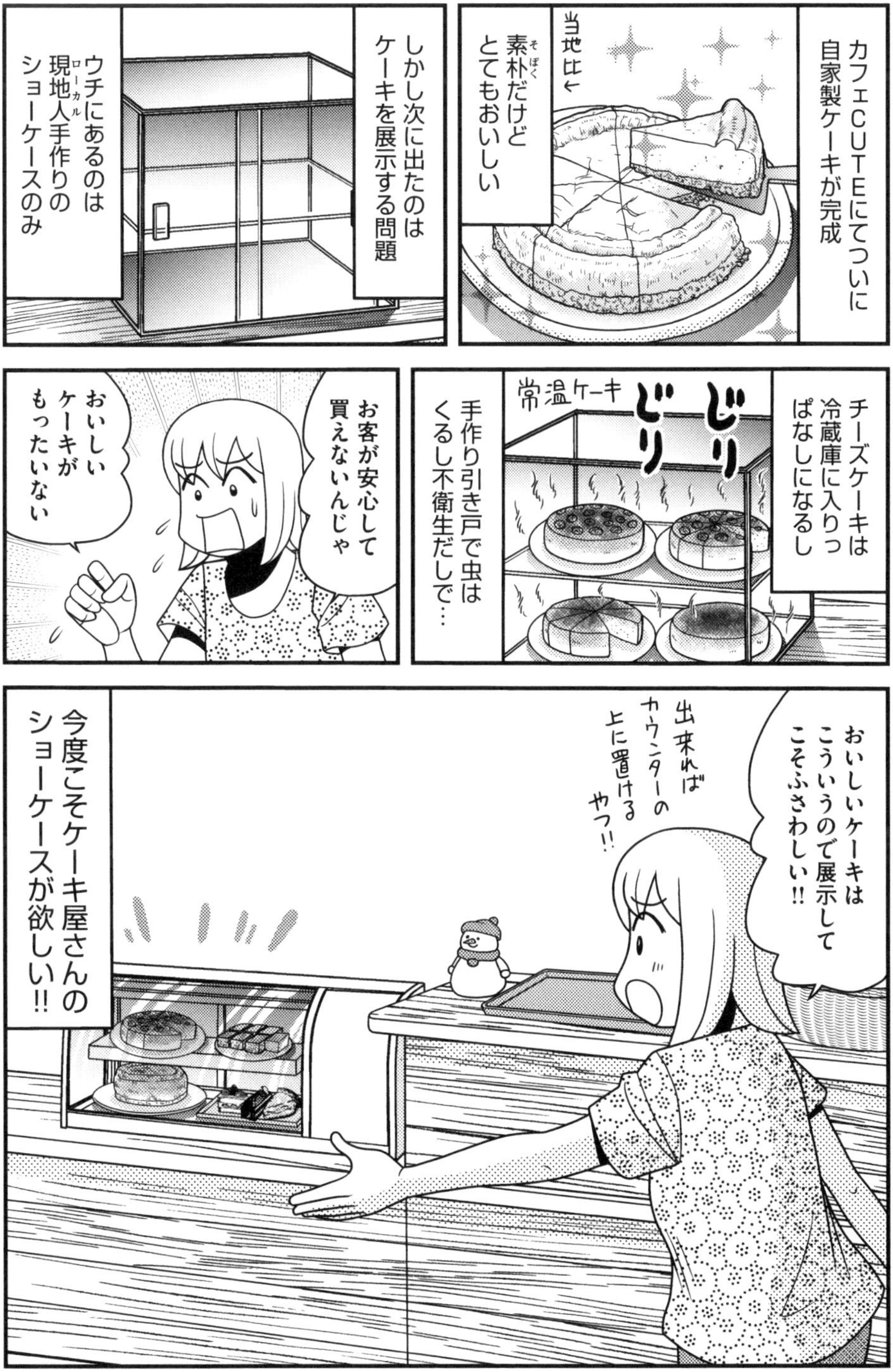
カフェCUTEにてついに
自家製ケーキが完成
素朴(そぼく)だけど
とてもおいしい
当地比←
しかし次に出たのは
ケーキを展示する問題
ウチにあるのは
現地人(ローカル)手作りの
ショーケースのみ
チーズケーキは
冷蔵庫に入りっ
ぱなしになるし
じり
じり
常温ケーキ
手作り引き戸で虫は
くるし不衛生だしで…
お客が安心して
買えないんじゃ
おいしい
ケーキが
もったいない
おいしいケーキは
こういうので展示して
こそふさわしい!!
出来れば
カウンターの
上に置ける
ヤツ!!
今度こそケーキ屋さんの
ショーケースが欲しい!!

この国の中古店

そういうわけで開店当時
ビジネスパートナーのニッサンカ↓
どこで買えるか？
手作り常温で諦めてたショーケース熱が再び復活
まず考えられるのが都会のほうの
中古の輸入品ばかりを扱っている店
とかいってもわれわれがイメージするような
こんな店ではなく
どこかの先進国のゴミを集めてきて
そのままその場にぶちまけたような店だ

一流のゴミ

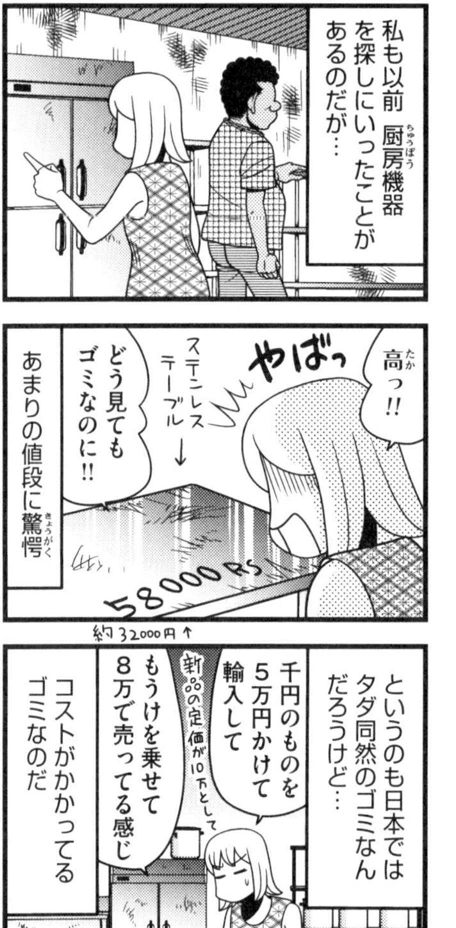

私も以前 厨房機器を探しにいったことがあるのだが…
高っ!!
やばっ
ステンレステーブル↓
58000RS
どう見てもゴミなのに!!
あまりの値段に驚愕
約32000円↑
というのも日本ではタダ同然のゴミなんだろうけど…
千円のものを5万円かけて輸入して
新品の定価が10万として
もうけを乗せて8万で売ってる感じ
コストがかかってるゴミなのだ
日本製品好きが多い（情報が古い）
ただしローカルの人は喜んで買っていく
やっぱ日本製じゃないと
ほくほく
ゴミだけどね…
クオリティーの高いゴミというわけ

可能性

一方で私は日本人なだけに
新品同様の値段でゴミを買うなんて…
しかも買ったらそのゴミをミギリヤに運ぶコストまで…
新品の値段に…
どうしても納得がいかない
かといって輸入品の新品なんか予算オーバーだし
無くはないと思うけど
誰もケーキを冷やさない
電器店や近くのタウンの厨房用品店にも売ってなかったし
そういえばタウンの手前に
記憶では…
ショーケースばっかり売ってる店なかったっけ…？
そうなると考えざるを得ない
Kitchen Badu
あったー
国産(ローカル)の新品

怪しい店

街はずれのショーケース専門店
新品…だよね？
いろんなショーケースがゴミのように転がる店
こ…
こんにちは～
冷蔵ショーケースを見たいんですが…
ウン
ウン
よく見たらなかなかよさそうじゃないか
ハイハイ
ギクゥ

国産品の売り方

あのう…ケーキを展示する冷蔵ショーケースを探してて
在庫はこれだけ？
これらは基本的に「ホット」だけど
「クール」にすることもできるよ
ホットに!?
そりゃ高性能ですね
カタログとかあります…？
ここにあるのが見本
ウチは全部オーダーメードだから
ええっ…
このデカさで…!?
にわかに立ち込める暗雲

肝心のもの

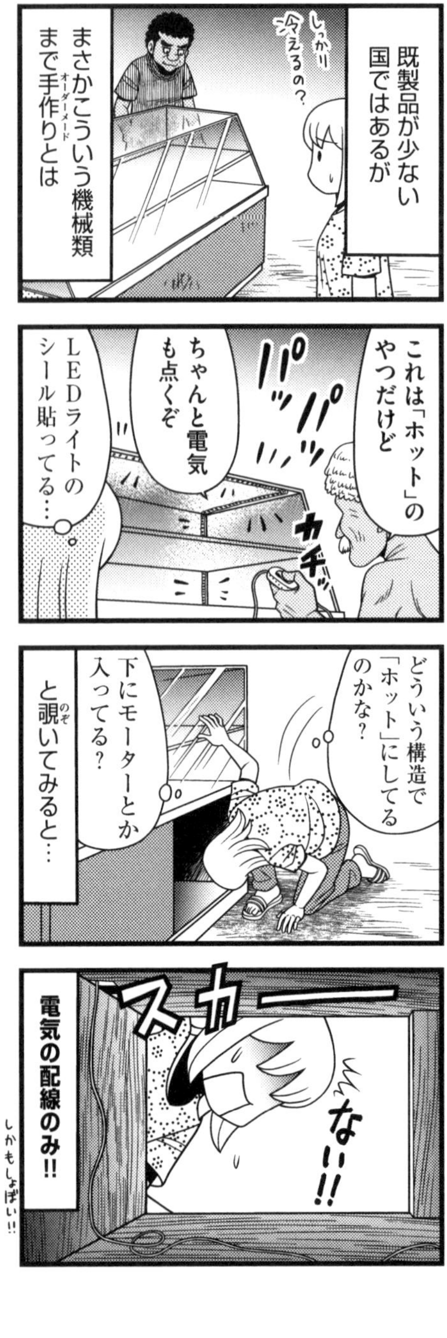
既製品が少ない国ではあるが
しっかり冷えるの？
まさかこういう機械類まで手作りとは
これは「ホット」のやつだけど
パッ
パッ
カチッ
ちゃんと電気も点くぞ
LEDライトのシール貼ってる…
どういう構造で「ホット」にしてるのかな？
下にモーターとか入ってる？
と覗いてみると…
スカーー
ない!!
電気の配線のみ!!
しかもしょぼい!!

本番で本気出す

もしかして暑い国の「常温」のことを「ホット」って呼んでるのかな
まさかね
これは見本だから
作る時はちゃんとしてる
手作りだったら後ろの引き戸は…
やばっ
引き戸自体がない!?
これは見本だといってるだろう!!
作る時はちゃんと引き戸も作る!!
そんなワケあるか!!
不安しかない
見本もちゃんと作れないヤツが本番ちゃんと作れるとは思えない

すべてが曖昧(あいまい)

このサイズで「ホット」は15万ルピーぐらい
約8万5千円
クールだともう少し高くなるね
ホントにクール作れるんだろうな
まかせとけ〜〜〜
……
虫入り放題!?
どうする?
いや…
買えるワケないだろ——!!
どうする何だ——!!って
どこに買える要素がある?

問題しかない

国産(ローカル)の手作りよりも
今 完全に理解した…
輸入品のゴミをありがたがる現地人の気持ち…
だとすれば
いったいどうすれば…
ケーキを「安く」「清潔」に「おいしそう」に展示する方法とは…
そして考えたのが
はっ
あれなら使えるかも!!
ドリンクのディスプレー!!
どこの電器店でも売ってるやつ!!
ウチにもある

次善(じぜん)の策

ピッタリ
それも小さいやつ!!
カウンターの上
これなら卓上に置ける!!
↓約3万4千円
しかしこの時 小さなドリンクディスプレーはどこも売り切れ…
よく見かけるのに…
これしかないです
6万ルピー
結局大きいのしか手に入らなかった…
ビミョー…
しかし一応冷えるので
まあいいかな
虫も入らないし
この国ではこれが精いっぱい…

第22話 困った現地人

シーギリヤでおいしいコーヒーが飲めるカフェCUTE
ケーキも順調
お店のアッカはお料理好きで
従業員のアッカ（おねーさん）
ケーキのほかにもいろいろ作るように
中でも現地人が大好きなローカルお菓子
コンデンスミルクで作るトフィ（キリトフィ）
ポル（ココナッツ）とペニ（ハニー）で作るトフィ（ポルトフィ）
いくら作ってもいつの間にか食べられちゃってる…
試食 試食って
50Rs
50Rs
そこで小分けにして売ることにしたけど
現地の人 そんなことでお金を出して買うようなタマじゃなかった…
ウチの息子の誕生日に作ってくれ
夕方までにアタシにも頼むよ
買っても安いだろ!!
いや買えよ!!
今度は材料持ち込み
ココナッツ↓
コンデンスミルク缶↓
ゾロ
ゾロ

これだから現地人相手に商売するのは難しい

欲張り
もともとはコレ
コーヒーにひとつふたつサービスでつける予定のものだったが
観光客には現地のお菓子なんか珍しいから
現地人に人気ですぐなくなってしまう
もらうよー
ごっそり
ああそんなに…
作るの大変なのに…
トフィもうないのかよ
なんだよ~
ブーブー
サービスのつもりがアダに
↓30円ぐらい
そこでそんなに好きなら買ってもらおうとしたのだ
このぐらいなら妥当?
50Rs?
割と入ってる

自称友達
みんながひっきりなしに材料を持ち込むもんだから
手伝うよ
大丈夫?
ただでさえワンオペのアッカは大忙し
でもマダムの友達の頼みだから
私の友達!?
百歩譲って知り合いならまだしも
あの角の家の奥さん
誰!?
全然知らない人まで材料持ち込み
もう一律材料持ち込み禁止!!
帰った帰った!!
1回だけ!!オレにだけ!!
おねがい~
友達じゃないか~~~
断っても断ってもくじけない

売れてもがっかり

またウチの自慢のケーキでも
同じような問題が
あれっ!?
チーズケーキなくなってる!!
売れたの!?
ハイ…
ローカル（現地人）に
お金はまだ…
ガッカリ…
せっかくのチーズケーキ…
ああ
現地人に「売れ」ても意味がない

やっかいな文化

なぜならその①
現地人は「ローカル価格」で払う
100ルピーでいいな!!
300ルピーのケーキなのに
ピラッ
100ルピーだと原価割れ…
その②
近所の人になるとツケで払う
あとで払うよ
プイッ
あぁ…
これはここではある程度フツーのことなのだが…
あとで払うっていう人で本当に払う人って少ないよね
特にあの人とかあの人…常習
ニッサンカ↓
そりゃそうだ
もちろん全員ではないけど…↑
こっちが請求にいかないと
→フツー逆だろ!!
お金欲しい方が回収に行くもんだ
うわあぁっ
マジかぁ〜〜〜
ハードル高い……
催促なんかした事ない

こちらのいい分

さらに
ダンブッラで店やってるんだけど
ここから30分ぐらいのタウン→
チーズケーキを仕入れたい
作ってもらえるか?
買ってくれるのなら…
こういうのもアリかなとは思うけど…
材料費はこのぐらいかかるので…
だから卸値(おろしね)はこのぐらいで
1300
ええっ!?
じゃあ生クリームを減らせばいいじゃないか!!
アパラーデ!!(もったいない)
チーズも入れなくていい
もはやチーズケーキじゃなくなってるし…
コンセプトを理解してもらうのが難しい

断りにくい相手

また同じ並びのレストランの母娘は
ニッサンカの古い友人←
同じ顔
ウチとは親しい間柄
現地の女の人はみんな同じ髪型
おたくのコーヒーは安すぎる!!
1杯500ルピー←
ウチと同じ値段にして!!
ここのレストランカプセルコーヒーなのに
こういってニッサンカに迫り私にナイショで値段を上げさせた原因になったが…
ウチでもそのチーズケーキ置きたいのよね
作って!!
ズイッ
いやそれはどうかな…
いいじゃん作りなさいよ
コーヒータイムまでレストランに取られたら商売上がったりなんだが
親しければ親しいで距離感なしで迫るのが困りもの

同じのが良い

このレストラン母娘にはこの前も
このクッションかわいい!!
ウチにも置きたい
フルーツの形 ↓
お金払うから買ってきて!!
まあいいけど…
日本にて
まるきり同じのはかぶるから良くないし…
私はそれがイヤ ←
クッションsale!!
これかわいいじゃん
切り株 ↓
これにしよ
違う!! アレが欲しいの!!
こんなのいらない!!
当然お金も払わない
何でそんな同じじゃないとダメなの…

強引さ

今回もケーキの仕入れは断ったものの…
アッカ何してんの!?
あそこのレストランの人に頼まれました
材料置いてった
マダム(私)やサー(ニッサンカ)のお友達だからって
また!?
しかも何ソレローカルバター(マーガリン)!?
こんなのレストランで出すの!?
くさっ
プ〜〜ン
バターはもったいないからって
これで作れって
断っても従業員にナイショで頼む
ニッサンカ——!!
何とかしてよあの母娘
とばっちり受けるニッサンカ ↓
しかも安物の材料で
営業妨害だ

仁義なき親しさ

実はマダム
これはマダムにはいわないでっていわれたんですが
給料倍出すから
ウチにこないかって引き抜かれました
→割とよくある事らしい
ええ――――っ!?
あいつら…
親しき仲でも仁義なし
もう誰も信用できない…。
アッカはウチのファミリーだから←
もちろん私は断りましたけどね
ある意味一番怖いのは「友達」…

予想される展開

しかし案ずることはない
さあジャンジャン焼いて!!
たとえサイアク引き抜かれたとしても
砂糖もっともっと入れて!!
チーズとか高いからナシで作って!!
生クリーム? 何それ
バターなんてムダマーガリンにして
な――――んだ!!
よく考えたらたいしておいしくないじゃ――――ん
結局できるのはローカルケーキ…
見た目だけ一緒
もう要らない!!
クビ!!
おかえりー
こうなる予感しかしないから…

第23話　自然とふれあえるカフェ？

スリランカ シーギリヤにある
ジャングルの中にたたずむ カフェCUTE
CUTE
大自然と 一体になりつつ
おいしいコーヒーを 飲めるのは大きな魅力
しかし自然と いうものは
快適で魅力的な ものだとは限らない
時として度を越すと
人間に牙（きば）を むくものなのだ
だから自然と ふれあえるカフェ というものは
経営する 側としては
はた目より 大変なのである

いいヤツら
自然の主な魅力や驚異といえるのが
生物たち
蝶吹雪の季節があったり
まずこの辺にいるのが
さまざまな小鳥たち
悪さしないし
好き!!
ココナツリーフの屋根や周りの木に住んでいる
リス
大
小
かわいいし
好き!!
カフェの裏に住んでいる
象
象乗りアトラクションの仕事してる
ご近所さん
好き!!
毎日ケーキの残りがないか見にくる
普通のヤツらとイヤなヤツら
そしてあたりをウロつく大トカゲ
2m超もあるものも
ワニと見間違える
水場には水トカゲも
えっ…
幸いワニはカフェ近くの川には居ない
野犬
客と一緒にいれば追い出されないと知ってる
困る…
おとなしいけど油断すると客のものを食べる
サル
人間を完全になめてる
ムカつく
目を盗んで店の果物を取る
ヘビ
やだ!!
ニョロ‥
小鳥のタマゴやリスを食べるためいつも屋根にいる

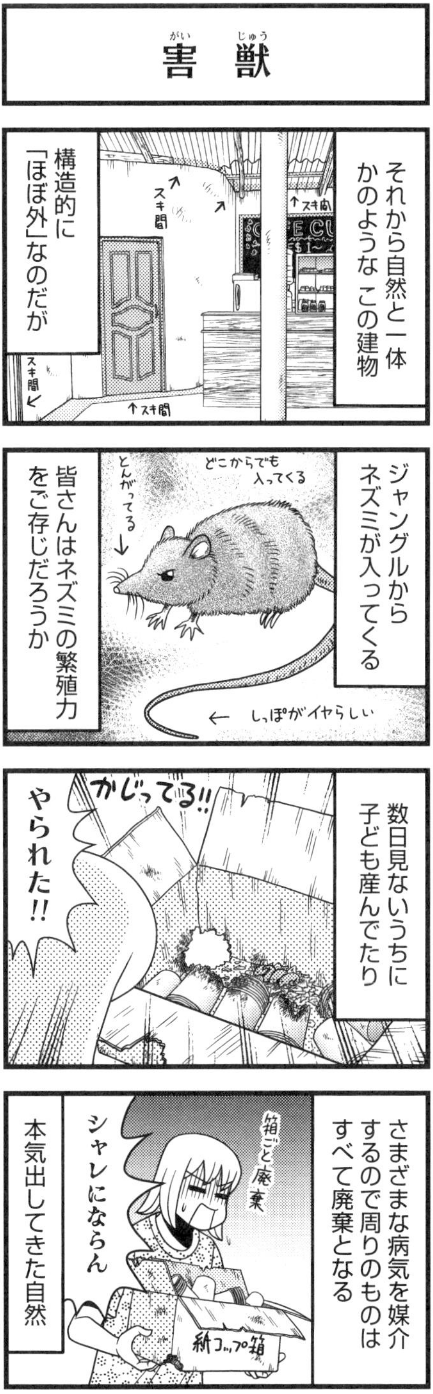
害獣
それから自然と一体かのようなこの建物
構造的に「ほぼ外」なのだが
↑スキ間
↑スキ間
スキ間↙
↑スキ間
ジャングルからネズミが入ってくる
どこからでも入ってくる
とんがってる↓
皆さんはネズミの繁殖力をご存じだろうか
← しっぽがイヤらしい
数日見ないうちに子ども産んでたり
かじってる!!
やられた!!
さまざまな病気を媒介するので周りのものはすべて廃棄となる
箱ごと廃棄
シャレにならん
本気出してきた自然
紙コップ箱

害獣②
それにネズミに類するもので
ナゾの夜行性の動物「カラワッダ」という動物がいる
夜行性なのでその姿を見た者は少ないけど古代ネコの一種で
(ジャコウネコ)
ホントはこんなにかわいいけど
「ジャコウネコ」科なのに雑食で甘いもの大好き
そいつらが毎晩侵入してきては
フルーツ
またやられた!!
引っかきあと→
↑足あと
ネズミ同様触られた食べ物はすべて廃棄
ヤバすぎる
隙間という隙間をふさいでいくイタチごっこ…

虫の実力

そしてもちろん
もっとも不快な
もの（当社比）
虫
カ
ハエ
コバエ
ノミ
ダニ
ハチ
サソリ
ホーハプトゥ（という吸血虫）
ゴキブリはいないけど…
それ以外全部いる
すっごく痒い…
意外に思われる
かもしれないが
もっとも手ごわいのが
アリ
色んなアリがいる
白アリ
小さいの
大きいの
茶色
ヒアリ
たとえば白アリは
隣の象オフィスに
人がいなくなると
この部分ドロで出来てる
壁を覆いはじめる
1週間でコレである
自然の驚異
そのものの姿
モトの状態がわからないぐらいに

アリ害

ウチのカフェでは
白アリはいないものの
カベはセメントだし
1時間も砂糖ポット
から目を離すと…
ヤバい!!
パカ
ここからあと1時間でも
放置しようものなら
こんな感じに
ぶあぁ〜〜
ひィィ〜〜〜
現地人は太陽に
当てるが
外に出しといて
アリがいなくなった後また使う気
アリにくれてやる
いや
捨てるわ…
太陽にあてるといなくなる
通常こんな砂糖
は廃棄となる

大は小を制す

この砂糖ポットは一見するとなんの変哲もないが…
へんてつ
ホッ
いない…
実は中に住むタイプもいる
ゲッ!!
数匹↓
しかもでかい
フツーの3倍ぐらいある
ああ それはそのまま置いといて大丈夫
大丈夫て!!
大きいアリがいたら小さいアリがこないから
いやどっちのアリもいらない!!
ライフハックかもしれないけどそれはムリ!!

災害級

だから毎朝くるとまずあらゆるものをチェック
食べ物だけではない
こういうのも
ひっくり返すと
ブワアアア
中央部タマゴ
どうやって ひと晩で（ヘタすると数時間で）卵を産みつけるのかナゾ
ここもだ!!
これぞ大自然の驚異でなくてなんだろうか
白アリではないので喰われはしない

メッセージ

このアリは食べ物にはいっさい関心を示さず
ひたすら巣を作り卵を産みつづける
物陰や何かの裏
お皿の裏にまで!!
とくに好むのが精密機械類
ブワァァ~
ひィ~~~~!!
基板部分を狙い打ち
あったかいのかも
これは明らかに人間に対する自然からの警告
冷蔵庫も
電子レンジや
やめてェ~!!
ぶわーっ
文明滅ぶべし
ガス台まで

現実は甘くない

こいつはこの国の言葉でゲクンビ(家アリ)と呼ばれ
殺しちゃダメ
パウー
(かわいそう)
なんで!?
みんなから愛されてる
このアリに巣を作られた家には「ラッキー」が訪れるという
そんなワケあるかー!!
毎日作られてるけどラッキーなんざきた試しない…
やれやれ
うわーーっ!!
ブワーー
バッ
パク
パク
「自然とふれあえる」理想と現実でした
トカゲが食べる

第24話 ご近所トラブルは嫉妬から？

スリランカ・シーギリヤにあるカフェCUTEは
シーギリヤの目抜き通りにある
この通りはたった500mほどの間に
観光客向けのゲストハウスやレストランがひしめく
ほとんどがローカルのやってるローカル料理の店
現地人
カレーだけど
コックは村人（素人）
しかし最近は外国人のビジネスも増えてきていて
たとえば川向こうのハンバーガーを出す店
聞けばヨーロッパ人※とのミックス
※（現地人×外国人）
トランプ貸してくれたりする↑
そしてもちろん日本人とのミックスのウチ
おいしいコーヒーを出すよ!!
CUTE
しかも食事は出さないので
レストランの客を奪うことはない
それどころか製氷機があるのはウチだけなので
毎日あちこちの店が氷をもらいにくるのだが
気前良くあげる
いくらでもどうぞ〜
ライバルに塩送ってるようなもんだけど
おつき合いが大事な文化だし

しかしそれでも さけられない ご近所トラブル
ハロー――
ツーーん
これはもう 仕方ない
あっ… ムシした!!
あの人は 確か…
お向かいの パン屋さんの人です
お店の従業員の アッカ
実はカフェCUTEを 作る時 最初の候補 だったテナントに
今パン屋が入って いるのである
Sigili
ローカル向けの 価格でパンを売り
30ルピー
25ルピー
25ルピー
30ルピー
50ルピー
50ルピー
外にテーブル
ローカル値段で お茶も飲める
10ルピー→約6円
外にローカル キッチン(かまど)
しかも食事まで
Sigili
Devil
grill
Salada
Soup
Pasta
ネットから 写真 拾ってきた な
絶対パスタとか 出ないだろ!!

精神年齢ガキ

ここで解説
現地人のキライな知り合いへの対処法
話をしない!!
つまりムシ
ツーーーン
おーーい!!
フーん
現地人同士でもそれは同じ
男でも!!
これください
…
フーん
子どもか!!
話さないと何が気に入らないかもわからねー
めんどくさい文化

情け容赦なし

今回の場合は多少客層がバッティングしてるためか
経営は良さそうに見えるんだけど
安いしローカル客でいっぱい
しかも
ハーイ
ハロー サー
スッ
あっ!!
客連れていかれた…
あ然…
ウチの前で客引きまで!!

理不尽

あまりにもあからさまなイヤがらせ
イヤがらせはコソコソやる文化圏(日本)からきた私はびっくり
ウロ
ウロ
ずーっとウチの前で客引き…
その上
ウロ
ウロ
ススーーー
?
ニッサンカがいるとしない!!
キラわれてるのは私かーーー!!

嫉妬文化

そもそもここの人たちは嫉妬深いというか
感情のメインの部分が嫉妬というか
ローカルの心
私の心
嫉妬
楽
哀
怒
嬉
愛
ここでは「嫉妬」(イーリジアイ)が人の行動のハンドルを握っているのである
パリーン
あーあ また買わないと
誰かがオレに嫉妬してる!!
えぇっ…!?
何言ってんの!?
何か悪いことが起こるのは誰かの嫉妬のせい

お寺の活用法

またある時は事故が続いたことがあった
もっと気をつけて運転して!!
運転中携帯ばかり見ているから…
これは誰かに嫉妬されてる
今回のは違うんじゃない!?
また!?
アンラッキーのみならず自分の不注意なども「嫉妬」のせい
ちょっとお寺にいってくる!!
生き霊みたいな!?
どういうこと!?
しかもその「嫉妬」はお寺にいけば落ちる
ブッダが（嫉妬から）守ってくれるからもう大丈夫!!
ふ、ーー
何が!?
「気をつけるから守ってください」だろ

災いを避ける

こういう文化なのでたとえば家を新築する時
ウチはビンボーなのに
金持ってんな〜
キレイだわね〜
何でそんなに金持ってんのかしら
ご近所の人に羨ましがられる
だから建築現場にはたいていみじめなカカシが吊るされている
ご近所の人のあれは「嫉妬よけ」なんだ
そんな思う!?
ヨソはヨソウチはウチじゃない!?
人が家建てるだけで!?
てかカカシぐらいで避けられるなら単純なもんだな
海の向こうからきた私にはこの「嫉妬文化」がよくわからない…

妨害される日々
そういう土地柄だから
ウロ
ウロ
この状況も仕方ない…？
でも向こうのほうが明らかに繁盛してるので
人件費は家族でやっててタダだし
うらやましい
食事も出すし
どちらかというと私のほうが嫉妬する案件では
それにしても私だけの時に限って…
ニッサンカのいない時→
ウロ
ウロ
チョー感じ悪いんだけど
そんなある日
あのパン屋さん閉店するらしいよ
ええっ!?
意外な展開

諸行無常
なんで!?
パン屋さんなんてライバルもいないしお客も入ってたのに…
ローカル価格だといくらパンを売っても
30ルピー
25ルピー
25ルピー
ウチのコーヒーは250ルピー→
月2万ルピーの家賃が払えないんだって
1万円とちょっと→
ガ〜ン
1カ月家族で働いて1万円とちょっとの家賃も払えないって…!!
羨ましがられて当然の案件だった…!!
なんつーいびつな物価…!!
『人を呪わば穴二つ』というが…
それとも私が嫉妬したせい？
お寺に行くべきだったかね
ちょっと同情する

第25話 不倫したから家賃倍

南国のおいしいカフェCUTE
CAFE CUTE
開店して早1年半
この辺で唯一おいしいコーヒーが飲めるため
本業のホテルより安定してる
経営は順調
何しろ主なコストがコーヒー豆の仕入れと家賃のみ
あと人件費
お店の従業員「アッカ」
LAVAZZA
それほどガツガツしなくても赤字にもならない
ビジネスパートナーのニッサンカ
そう思っていた平和な日々
あれっ…大家だ
なんだ？家賃は払ったよね
このテナントの大家はニッサンカの大親友（故人）の奥さんで
ファミリー
ピア
ピアワイフ
夫婦
息子
大家
大親友
象オフィスオーナー
ミガーラ
オフィス隣
親友
カフェオーナー
ビジネスパートナー
隣の象オフィスもその息子がやっている
ハロー
えっ…？
来月から家賃倍!?
ハァ…!?
いきなりの展開

しかも理由が…
アンタ店の女の子に手ェ出したね
ハア～!?
だからよ
オレが!?
どういうこと!?
1
「急に家賃が上がった」「一方的に追い出された」
スリランカでビジネスをはじめた日本人の間ではよく聞く被害だ
2
日本人が物件を借りキレイにリフォームを済ませ
お店をオープン
大家
3
評価が上がり経営が軌道に乗った所を…
来月から家賃3倍
なぜならブラーブラブラ
ブラブラブラブラブラブラブラ
ブラブラブラブラブラブラブラ
ブラブラブラブラブラブラブラ
半笑い
とめどないイチャモン
大家が追い出して乗っとってしまう
4
もちろんローカルに経営が移ったお店は評価がガタ落ち
ニセモノ
サービス悪い
高い
マズい
味が変わった
ガッカリ
オマケに風評まで
大損…
すぐにつぶれてしまうのだ…

ローカルもドン引き

そういうウワサは知ってたものの…
とはいえそれはあくまで「よそ者」にやる仕打ち
「よそ者」に冷たい一方ここの人間は「仲間意識」がすごく強い
そのために
名目上のオーナー
現地人パートナー
裏方
ニッサンカが経営者なのに
今回の場合ニッサンカが大親友のファミリーから借りてるので
親友(故人)
大親友かつ恩人
夫婦
親友妻
大家
店子
いわば身内
隣の象オフィスのボスも困惑
なんでオフクロそんなことを…
大家の息子でかつニッサンカの友達
話聞いてみる
オレの顔つぶす気か!!
この国では男同士のつながりは絶対

理由にならない

しかもその理由がまた すごい
ニッサンカ店のアッカと不倫…
たしかにアッカは典型型スリランカ美人
ありえない
色白ふくよか
私ダンナいるから!!
モテモテ
アッポー(ひええ)とんでもない!!
観光客なら手を出すけど
アッカのダンナはオレの友達だぞ
ニッサンカも否定
日本人の私
てか
だから何!?
コレ

価値観の違い

私からしてみれば
たとえ不倫していたとしても
大家には関係ないし…
そのために家賃倍とか…
おかしいよねニッサンカ!!
しかし前にも書いたがスリランカは行動の原動力がほぼ嫉妬の文化
…
え⁉
もしゃわからない⁉
んーと…
そっ…そうとも家賃には関係ないことだよな!!
手は出してないけどな!!
ちょっとビミョーだけど
ホッ…

責任転嫁

↓アイフォン
たしかにここの文化に嫉妬が占める割合は大きい
…
時計
ハロー
ニヤニヤ
車
首吊りカカシ
そもそも悪いことは他人の嫉妬によって起こると思われてるので
家を建てる時にはみじめなカカシをつるして嫉妬よけにするし
人々はカカシに目が行くので
悪いものはカカシに行く
何か起こったら
近所の人が嫉妬してる!!
いやあなたの不注意…
お寺行っておはらいしないと!!
占いでも
先祖の霊が嫉妬してジャマをしている!!
一体こんな生活してる人達の何がうらやましいんだか
死んだばあちゃんの嫉妬で頭痛が
アーユルヴェーダ治療でも嫉妬をいわれるぐらいだ
悪霊退散
占いも生活全般を占める

暗黙の了解

しかし嫉妬の割合が大きいと同時に
キャッ キャッ ウフフ
横のつながりも強いのが特徴
狭い社会で仲間同士でそんなことしてたら
来月から金取ることにした
しらーっ
あーあいつって…
うまく人間関係が回らないのだ
しかしこれは男社会の話
このエリアのビジネス界の大物だった親友
妻
息子
全員友達・仲間
この辺の女性は社会どころか家からもほぼ出ないので
不倫してるから家賃倍ね
友達だぞ!!
オフクロ俺の立場は!!
当
然!!
男社会のルールも通用しないのだろう

届かないところの人

恐ろしい…こんな理由で
ゾッ…
女性はある意味男より怖い…
しかし!! そんな時のために
ジャーーン
契約書!!
私もスリランカ歴そこそこなのでニッサンカを前に立ててるだけでなく
えーーっ? 友達だから大丈夫だって
オレを信じろ!!
くど くど
しぶ しぶ
いいから!! そんな問題じゃないから!!
キチンと紙にして
弁護士を入れて賃貸契約書を交わしておいた
しかも5年分!!
フフフ

背筋が寒くなる話

この契約書によると最初の1年間は…
家賃月1万5千ルピー
8千円ぐらい
その後月2万ルピーに上がるけど
ハッキリと!!
4年間その値段を据え置くこと!!とある
向こうもそれは知ってるハズだけど
もちろんオレもそういったけど
「不倫してるんだから仕方ない」って…
ゾゾ…
話が通じない…

ホラー

だったらその時の弁護士に連絡しよう
弁護士から説得してもらえばいい
この国の人は権力に弱い
なるほど
やってみる
相談した…
ズーーン
ど…どうだった…？
「不倫してるなら仕方ない」って…
弁護士まで
何――っ!?
次回に続く…

第26話 理屈も法律も通らない

前回カフェCUTEのテナント大家から
来月から4万ルピーね
今まで2万ルピーだった
ゲェェ
いきなりの家賃倍額通告
しかも理由が…
お店の女の子に手を出したから
スリランカ美人のアッカ
もちろんわれわれはそんなの納得いかない
出してない!!
出されてないし!! 主人がいるから!!
そもそも大家に関係ないし!!
でも大丈夫そんな時のために…
ホラ!!
契約書!!
さもなきゃ弁護士に相談だ!!
ところが
契約書を交わした時の弁護士もコレ
不倫してるなら仕方ない
って…
弁護士が…!?
そうだった ここは理屈も法律も通じない国…
もっとも通じないのは話

コネ負け

なんだその弁護士
本物なの
そもそも弁護士名乗る人がちゃんと司法試験を通っているのか疑問…
そもそもこの弁護士
向こうのファミリーに紹介してもらった人だから…
あぁ…
Theコネ社会
納得…
道理より
正義より
法律より
友達
なんでそんな弁護士に仲介させたよ⁉
ツメが甘いんだよ‼
失敗した〜〜〜
弁護士は向こうサイドの人間

詳しい話

この騒動のいきさつを
昨日オフクロと話したよ…
隣の象オフィスオーナー
オーナーの息子に聞いてみた
ニッサンカの友達であり大家の息子
オフクロは先日シーギリヤにきた時に
あらこんにちは
めずらしいわね奥さん息子に会いに？
女の人はよく外に座ってる
ええ
それにカフェの方も見たいし
あのカフェのニッサンカだけど…
アタシ見ちゃったカフェの従業員とデキてるの
ええ――――っ⁉

めんどくさい土地

これはカフェと象オフィスの隣の家で自身もピザ屋にテナントを貸している奥さん
象グラウンド
ココ
大家
レストラン
ピザ屋
象
カフェ
道路
ウワサの出元はアイツだったのか!!
以前オレもやられた
あれは評判の良くないギャーニ(女)だぞ!!
この辺の女の人は常に隣人の人間関係に目を光らせて
ヒマだから…
ペチャクチャ
ペチャクチャ
情報交換を行いウワサ話を流す
要するに金棒引き※ぞろいってこと!!
なんて所!!
美人は一番のやっかみの的
アッカ→

※うわさなどを大げさに触れ回る人。

たきつけ屋

しかもそのギャーニ(女)
おたくはいくらで貸してる?
ウチは2万…
あらーパウー(かわいそう)
そこのピザ屋
ウチは4万よ
Pizza
もうかってるんだからそのぐらい取ってもいいのよ!!
でも…
取っちゃいなさいよどうせ日本人でしょ!!
それで4万っていい出したのか〜
くっそ〜…
ギャーニ…

現地人的発想

それにしたってあのピザ屋は一応「家」的になってるけど
Pizza
ウチのカフェなんてほぼ野ざらしで床屋根 以上!! て感じ
カベだって2面しかないし
それで同じ4万はないぜ…
ピザは1枚2000ルピー、コーヒーは1杯250ルピー
しかもオフクロは前から
日本人からニッサンカが中抜き(ピンハネ)してると思ってるから!!
ええっ!!
オフクロは日本人から毎月5万取ってると思ってる

ピンハネ社会

これはスリランカでは普通のことで
カレー150ルピー
カレー1000ルピー(観光客向け)
公然と「外国人価格」と「現地人価格(ローカル)」があるのもこういうことで
10の値打ちのものを30や50で売ってもいいと思ってるのだ
これは100ルピーだよ
ダンナこれは特別なもので3000ルピーでやんす
金持ち(外国人)には
だから家賃としてニッサンカが2万払ってるなら
ハイ2万
月5万だよ
当然真のオーナーである日本人(私)からは倍…いやもっと抜いてるはず
「コミッション」と言ってどこでもやっている
むしろそうじゃないとおかしい!!
私値段とかかなり気にする外人だから!!
でもやってない!!
ここはそういうシステム

金脈シェア

というわけで彼女の勝手なイメージでは
ヒッ ヒッ ヒッ ゲッ
バカ
ニッサンカは色ボケの金の亡者
私
日本人から大金かすめてその上浮気まで!!
ダンナの親友でしょ!!
ひとり占めしないでこっちにも少し回しなさいよ!!
という理屈らしい
でもやってないし!!
私も抜かれてないから!!
ただし事実無根
そしてたとえすべて事実でも
家賃倍はおかしいけどな!!
それとこれとは別

いい分

契約書を交わした弁護士は
やってないならオーナーに会って
ちゃんと説明しなさい
の一点張り
なんで何もやってないウチらがそんなこと!?
気に入らねー
とにかく一度話し合いにきなさい
そもそも私の経験上話し合いなどムリ
どっちが正しいかよりどっちが上か
ここじゃあ
内容より力関係で決まるから…
この場合
上
仲間
上
大家
弁護士
単独
下
圧倒的不利

なし崩し

それに弁護士が話し合いにこだわるのはたぶん
契約書には家賃2万の4年間据置きと書かれてるけど
補足として
〝もし何かあった場合両者で話し合って決めること〟とある
つまり話し合いとは
家賃上げ前提のやつ!!
ワナかっ!!
絶対ハメようとしてる…
話し合いの席についた時点で終了の予感

腹をくくる

では
残った方法はひとつ…
戦争じゃ――――!!
ダメダメ裁判なんか
やめようやめよう
そうだよオレの家族だし
お金かかるし時間かかるし手間かかるし何より体裁悪いし
裁判じゃなくて…
スリランカ流に戦う!!
戦の準備じゃ!!

第27話 目には目を歯には歯を

おいしいコーヒーが飲めるカフェ
in南国パラダイス
しかし大家がいきなり家賃倍にすると脅してきて
カフェin南国ヘル!!
しかも理由がすべて妄想
店の女の子と不倫してる
日本人から大金抜いてる
やってない!! だったら何!?
弁護士もまったくあてにならないときた
あまりの理不尽(りふじん)さに堪忍袋(かんにんぶくろ)ももう限界
頭きた!!
戦争じゃ～～～!!
ただし『郷(ごう)に入れば郷に従え』
ゆる
ゆる
つまり逃げる!!
これぞスリランカ流戦い方

そんとくかんじょう
損得勘定
逃げる
要するに「話し合いに応じない」
RRR
私が思うに
ここでは何かを求めるほうが立場が下なのよ
ここじゃあ客とかクライアントの方が立場弱いんだから
つまり今はまだわれわれが上の立場なわけ
しかしここで話し合いに応じてしまえば
値上げか立ち退きかという話になるのは必然
ならば話し合いなどしない!!
こっちには契約書がある!!
そうすれば家賃は2万ルピーで据置き
テクニック初歩
とはいえ
NO!!
こんな強硬な手段には出ない
狭い世間でカドを立てるのはスリランカ流ではない
どうするかというと…
RRRRRR
まず電話はスルー
よくこの手使うんだスリランカ人…
もっと万全を期したい場合は
相手が電話番号変えて(違う端末で)電話してくるかもしれない→
(私はよくやる)
電源オフ
スライドでOFF
これだと何かあってもこういえる
ケータイ壊れちゃって
いやーー
ヘラヘラ
ここではよくケータイが壊れる
ニヤニヤ

中等テクニック

とはいえまるきりムシは良くない
乗り込まれたりカドが立つから
RRRR
ここポイント
たまには出てあげましょう
ここからが必見スリランカ流高等テクニック
以降ニッサンカが実演してくれます必見!!
ハロー
ちょっと電話の調子が悪かったから
何？今度の金曜日
弁護士事務所で？
わかったいくよ
言っちまったあぁ
えええええ!!
話し合いの約束まで…する!!

フェイント

これが日本なら話し合いをしたくないなら
話もしないしましてや約束なんか絶対しない!!
ところがここでは違う!!
だってカドが立つから
ええ〜
攻める!! ギリギリの際の際!!
そして約束の当日
RRRRR
オロオロ
もうすぐ時間だけど
イライラ
いくわけないじゃん
RRRRRRRRR
いやもっとカドが立つのでは…？
安定のスッポかし!!

ウソも方便（ほうべん）

日本人と違うのは
うおおっ…
ストレス…
私なら前日…いや直前でもひと言いけないっていうんだけど
最初からいくつもりのない約束をするところ
しかも
へーーぜん
ハローー
ピッ
うおっ!!
出るのか電話
今向かってる
へーぜん
道が混んでて
この期に及んで!?
おそるべし…スリランカ!!

重ねるウソ

さらに遅れるも
相手待ってるんだぞ…
ドキドキ
電話はすべてムシ
最後の最後に
ああ 実は急に観光客ハイヤーの仕事が入って
クッチャ クッチャ
みんなそういう事言うんだよな…
一応いい訳
オレだっていきたかったよ
まったくハイヤーさえなかったら
なんなら被害者面（づら）
仕方ないだろ仕事なんだから!!
ハイハイ
私もやられた
さらには逆ギレ

行く気ゼロの半裸

戦意喪失

そしてこれを
来週の月曜？
キリッ
わかった次は必ずいく
もちろん行かない
何度でもくり返す
これで相手は疲れ果ててしまうのだ
ガックリ…
戦意喪失
わかる
ひしひしと
時間も気力も手間もすべて奪われるんだよな…
なぜそんなに知ってるかって？
ペラ
ペラ
明日行く
(明日には)来週行く
(来週には)来月行く
子供がケガしたからら
車が壊れたからら
病院行ってたから〜
パーティだったから〜
ベラ
ベラ
ニヤ
ニヤ
何ひとつ前に進まねェ〜〜〜!!
イラ
イラ
イラ
ベラベラ
ヘラヘラ
身をもって経験してきたから!!

逃げ勝ち

そうやってその場その場をしのいで
のらり
くらり
数カ月
とくに怒鳴り込んできたりとかポリスに通報されるということもなく
こっちのポリスは民事も介入してくる
なーんだ大した事なかったね
平和…
これはもしかして…
このままここに…いられる？
サチコ!!
今のうちに次 探すぞ!!
ええ〜
テナント探しも並行してはじめた

次のテナント

次のテナントとはいえ
ここは世界遺産の麓の道路沿い50メートルぐらいの小さな集落
遺跡
川
10軒ぐらいの店がひしめいてて
ここの一角は？
お店の一部を間借り？
ラーーん
なかなか空きは出ない
私の希望は
だったらここがいいかな～
開店する時最初に狙っていたテナントの隣

ひそかな狙い

当初狙っていた所は後にパン屋さんが入ったが潰れてしまい次はATMが入る予定
YOHAN'S
ARTS & TASTES
今狙っているのはその横にある土産店
ここが1回も開けることなく契約が期限切れしてるのだ
1年分家賃前払いしてもらったんだけどね
テナントの大家さん
1回もオーナー見たことないよね
キレイに木貼りにリフォームしたのに
（もったいない）アパラーデ
商品も売ってしまおう
そろそろ片づけるかな
チャーーーンス!!
内装がキレイ
オレは狭いからキライだな
移店ならここでしょ…と狙う今日この頃

第28話　新天地を求めて…？

南国パラダイスにあるカフェCUTE
CAFE CUTE
大家から家賃倍増をいい渡されて存続のピンチ
でもスリランカ的スルー法で
RRRR
ぬるぬる営業中
その間に移転先を探しているものの
これといった物件がない…
ここに移ると
Cafe CUT
こんな感じと予想
小さく持ち帰り専門で
Coffee to G
狭いけどそれもまた良し
↓元パン屋　↓ツーリストオフィス
現在お土産店←
強いていえばここかな…
私が目をつけてるのはお向かいのパン屋さんの入ってたテナントの隣
しかし本音は
ここにこのままいられれば一番だけどな
せっかくここまで整えたし
ラクだし
お金ないし
いっぽうニッサンカは移る気満々
サチコ〜〜〜!!
いい所を見つけたぞー!!

野生動物いっぱい
それがまた べらぼうな物件で
2エーカー原生ジャングル
うじゃ うじゃ
難易度最高クラス
1エーカー＝1200坪（サッカーグラウンド1つ分）
野生象
ココ
橋
ピントゥ レストラン
元 ベーカリ
土産屋
レストラン
マッサージ オフィス
カフェ CUTE
象 オフィス
小川
仕事象
ジャングル
切りひらくのが 大変
遺跡保護区
土を掘ってはいけない など規制多数
川向こう!!
川を渡るとタウンから 外れる
1
2
それをピントゥと 共同レンタルだ!!
ウチと一番仲良くしてる レストラン オーナー
ニッサンカの 友達
家賃も 2分の1だぞ!!
ピントゥとはお向かいの レストランの経営者だ
3
2エーカーを 半分ずつシェア しよう
遺跡 保護区なので 建物はダメ
オレが川沿い 君らは向こう側だ
ただでさえ 街はずれ なんだから ウチは 川沿いで
場所も不利
4
どうだ!!
得意満面!!
いや〜〜〜……
広いだけじゃん…

重要ポイント
何よりも広いじゃないか!!
今の所でも手狭なのに
大事なのはソレだ!!
現地人は広さを重んじ
客席は余計な負担でもある
狭くてもコーヒーだったらテイクアウトで十分!!
広いとお金かかる
私はコストや効率を重視
効率だ
ここはお手軽!!
ギリギリギリ
こっちは広い!!
広さだ!!
ていうかここにいられるならここでいい!!
オーナーの顔も見たくない話するのもイヤだ
オレは絶対引っ越したい!!
現地人とはとことん意見が合わない
制限
100歩譲って
確かに広さは魅力的
でも遺跡保護区だから
となると…
建物も建てられないんでしょ
土を掘らないタイプならOK
地面の上に置いて簡単に撤去できるやつ
私はそんなカフェいやだ
掘っ立て小屋とか牛のフンで造るとか
そりゃあ現地人はそれでもいいんでしょうけど…
たとえばコンテナを置いても大丈夫？
オシャレなコンテナショップ
それはアリ
お金かかるけど
ならばその点は解決として
ここの人の大丈夫は大してあてにならないけど

相性最悪

最大の問題はスリランカ人とシェアすること
時間を守らない!! 約束を守らない!! 話がコロコロ変わる!!
ローカルは!!
問題しか作らない!!
でもサチコ〜〜〜
相手はピントゥだよ
まあ…
ピントゥはこの辺のオーナーの中でも一番仲良くしてる現地人で
ウチのケーキよく買ってくれる
お金もちゃんと払う →これが現地人には珍しい
ヨーロッパにいたことがあり英語も喋り（しゃべ）フレンドリー
ムダにいつも上半身ハダカ
でもローカル（現地人）はローカル（現地人）だ!!
断言する!!
お互いロクなことはない!!

メリット考

サチコ〜〜〜
オレはここの土地がいいんだ〜〜
どうすれば組んでくれる?
それでも食い下がるニッサンカ
よっぽどこの土地が気にいったらしい
広い土地のメリット…
カフェだけじゃなくコインランドリーも作りたいな
観光客視点では洗濯機欲しい
それにこの辺は駐車場が全然ないので
前面を全部駐車場にしたらどうだろう?
観光バスが停まったらコーヒーやジュース売れるよね!!
ついでに何とか工夫してトイレも作れたら最高（この辺トイレもない）→穴を掘れないから

同　意
いろいろ考えたら広い土地もメリットあるよね
コンテナカフェ 駐車場 コインランドリー …お金かかるけど
と思いはじめたので
前面を平等に観光バスが停められる駐車場にする
という条件なら契約してもいいかな
なぜならウチだけ駐車場にしたんじゃ
そちらの客までウチに停めてしまうからね!!
わかった それでいいよ!!
約束だ
じゃあ今回はニッサンカの顔を立てて…
というわけで契約…

同意の価値
しかし結局
このカフェが実現することはなかった
なぜなら
前面 駐車場?
契約後
サチコ―― やりたきゃ自分とこでやればいいじゃないか〜〜
ウチはそんなのいらない
そうだぞサチコ〜〜
予想通りのスリランカしぐさ
↑ニッサンカも一緒になって
やっぱりか
じゃあもうや――めたっと
ええっ!! ちょっと待て
モチベ激落ちというのもあり
結局人の話聞いてねー 理由も言ったのに

伝染病

でも一番大きな原因は
コロナ
2020年のはじめからじわりスリランカでもコロナの流行がはじまり
○○人の団体がコロナ広めたから悪いのは○○人だって
ゲ〜〜
ガヤ
ワイワイ
ガヤ
バスの運転手がコロナだったから…
無責任なウワサが飛びかい
空港が閉鎖されたよ
オレが昨日行ったら
ウソ!?
そしていっきに3月国ごとロックダウン
あぶねー!!
ギリギリ脱出した〜〜〜
世界的にもその流れに…
脱出3日後にホントに空港閉鎖

ガマンの時期

以来2年弱
私もずっと日本…
当初思ってたより長引いてる…
観光客はほぼゼロ
観光産業しかないシーギリヤでは
ニッサンカも車まで売ってドビンボーに
死屍累々(ししるいるい)…
いつかコロナが収束して平和になったら
く〜〜〜〜〜 あと何カ月かかるのやら
カフェずーっと閉鎖中
その後またカフェを再開したいと思います
それまでしばらくの間さようなら〜〜〜!!

→出来れば今の場所で!!

その後のCUTE

あとがきとして、その後のカフェCUTEがどうなったのか…ということにふれたいと思います。実はこのあとコロナのせいでずーっと長い間(1年ほど)店を閉めるハメになりまして。その期間は家賃は求められてもないし、払ってもなかったんですけどね(シーギリヤではそれが通常)。

やっとコロナに収束が見えて空港がオープン。観光客を受け入れはじめた(2021年1月)頃、いきなり大家から「今月中に出ていけ」との通告が。私としては、そんなのまるきりムシして居座っても良かったんですよ。それがスリランカスタイル。でもニッサンカは「これ以上、大家一家と関わり合いになりたくない」と…。それならおとなしく次のテナントを探そうという話になりました。

今回大家のことでひどい目にあったので、次こそはもう少しマシなところを…と思ったのですが、まったくマシではなかったです。

ニッサンカの知人の女性の大家さん（未亡人）から、もうすぐ今の利用者の賃貸契約が切れるという物件を紹介してもらったのですが、もちろんうまくいくワケもなく…。

このお話の顛末(てんまつ)は、電子書籍版のおまけマンガにして詳しく説明したいと思っています。

そういうわけで、スリランカではどこまでいっても底なしの最悪しかないですね。ここでの災難てほとんど人間がもたらすものなんですよね。この国の問題は「人間」なんです。

前述のテナントを諦めたのが2022年8月頃のことで、それからいくつかテナントを当たったんですが、もうその頃は観光客が戻ってきていたので時すでに遅し。

まず私が狙っていたお向かいの狭いテナントは埋まっていたし、ほかのテナントは大家が女性なんです。なんでみんな女なんでしょうね。亭主は好き勝手やって先に死んだかなんかなんですよね。

男でも問題しかもたらさないのに、女となると輪をかけてひどくなるんだから。これは何も男女間に能力差があるという話ではなく、ここの社会が超男尊女卑で女に教育と社会性を与えず家に閉じこもらせた結果なんですが。

そして最後にいき着いたのが（2022年末から2023年にかけて）お向かいの狭いテナントの敷地内にある駐車場を貸してもいいというオファーでした。ここの一家はニッサンカの親戚だし、大家は男性でまだ生きてて村の名士という、ほかより数段マシな感じなので検討することになりました。しかし、ここもダメ。
私は道路沿いの小さなカフェスタンドみたいなのが希望だったのに、道路から10メートル奥まったところに、古臭い木造のカバーナ（コテージ）を私のお金で建てろといわれて設計図まで渡されたのです。私はそんな場所に古臭い木のレストランを建てるのなんかまっぴらごめんだったのですが、とても意見が通りそうになかったので諦めました。建ったらあれこれいって取り上げられる予感もしましたし（そうじゃないなら好きに作らせろ）。
それで、もう心底こりごり。イヤになりました。タウンにテナント借りるのは諦めました。今は自分のホテルの入り口にカフェの看板を立ててるんですが、たま〜にお客さんもきます。とりあえずそれで十分です。
スリランカで何かやるのは大変です。そのうち余力ができたら、ホテルの敷地内にカフェみたいなの建てるかも。
気が向いたら、考えます。

東條さち子

スリランカでカフェはじめました ～日本の常識は現地の非常識!?～

2023年3月20日初版第一刷発行

著者　東條さち子

発行人　今 晴美

発行所　株式会社ぶんか社
〒102-8405　東京都千代田区一番町29-6
TEL:03-3222-5125(編集部)　TEL:03-3222-5115(出版営業部)
www.bunkasha.co.jp

装丁　久持正士 + 川内すみれ (hive&co.,ltd.)

印刷所　大日本印刷株式会社

ISBN978-4-8211-4656-7

定価はカバーに表示してあります。
乱丁・落丁の場合は小社でお取りかえいたします。

初出一覧
『本当にあった笑える話』
2020年9月号～12月号　2021年1月号～12月号　2022年1月号～12月号
※本書は上記の作品に描き下ろしを加えて構成しました。